# 지금은 중국어, 첫걸음

시사중국어사

## 지금은 중국어, 첫걸음

| | |
|---|---|
| 초판인쇄 | 2025년 8월 1일 |
| 초판발행 | 2025년 8월 10일 |
| | |
| 저자 | 임한나 |
| 책임 편집 | 연윤영, 최미진, 徐洁 |
| 펴낸이 | 엄태상 |
| 디자인 | 진지화 |
| 일러스트 | 김주희 |
| 조판 | 이서영 |
| 콘텐츠 제작 | 김선웅, 장형진 |
| 마케팅 | 이승욱, 노원준, 조성민, 이선민, 김동우 |
| 경영기획 | 조성근, 최성훈, 김로은, 최수진, 오희연 |
| 물류 | 정종진, 윤덕현, 신승진, 구윤주 |
| | |
| 펴낸곳 | 시사중국어사(시사북스) |
| 주소 | 서울시 종로구 자하문로 300 시사빌딩 |
| 주문 및 교재 문의 | 1588-1582 |
| 팩스 | 0502-989-9592 |
| 홈페이지 | http://www.sisabooks.com |
| 이메일 | book_chinese@sisadream.com |
| 등록일자 | 1988년 2월 12일 |
| 등록번호 | 제300-2014-89호 |

ISBN 979-11-5720-280-5 13720

* 이 책의 내용을 사전 허가 없이 전재하거나 복제할 경우 법적인 제재를 받게 됨을 알려 드립니다.
* 잘못된 책은 구입하신 서점에서 교환해 드립니다.
* 정가는 표지에 표시되어 있습니다.

# 머리말

처음 중국어를 접했던 시절이 아직도 눈에 선합니다.

중학교 진학을 앞두고, 중국어 공부를 어디서부터 시작해야 할지 막막한 마음에 무작정 들렀던 동네 서점. 그곳에서 신중히 골라 집어 든 책은 바로 '시사중국어사'에서 출간한 초록색 표지의 《신보보고 중국어》였습니다.

고심 끝에 골라 들고 온 그 책 한 권과 음원 파일만으로 무작정 독학을 시작했을 때, 저는 상상도 못 했습니다. 언젠가 제가 이렇게 직접 중국어 첫걸음서를 집필하는 날이 오게 될 줄은요.

그때의 선택과 첫걸음이 제 인생을 크게 바꾸었습니다. 그 책은 제 인생의 발판이 되어 중문학과로 이끌었고, 중국 대학원으로, 그리고 강단으로 이끌었습니다. 제 인생은 어느새 중국어 그리고 교육과 완전히 맞닿아 있음을 느낍니다.

이 책을 쓰는 동안 저는 처음 그 초록색 책을 펼쳤던 그때의 마음을 자주 떠올렸습니다. 한 챕터, 한 챕터를 써 내려가며 수없이 다듬고 고민하는 과정을 거쳤고, 이러한 노력으로 완성되어 출간되었기에 부디 이 책이 처음 중국어에 발을 들이는 여러분께 든든한 길잡이가 되어주길 바랍니다.

중국어 공부는 때로 낯설고 어렵게 느껴질 수도 있습니다. 단어 하나가 잘 외워지지 않을 때, 성조가 헷갈릴 때, 문장을 읽어도 이해가 쉽지 않을 때 좌절할 수도 있습니다. 하지만 그 모든 순간이 모여 결국 여러분의 실력을 만들어갑니다. 저 역시 그렇게 걸어왔습니다. 중요한 건 완벽하게 해내는 것이 아니라, 포기하지 않고 꾸준히 나아가는 힘입니다. 이 책을 통해 여러분이 중국어의 매력을 발견하고, 작더라도 매일 성취를 느끼며 즐겁게 공부해 가시길 진심으로 응원합니다.

마지막으로, 이 책의 집필 기회를 열어주신 시사중국어 출판사에 깊이 감사드립니다. 그리고 언제나 제 곁에서 지치지 않는 응원과 지지를 보내준 사랑하는 가족, 지금도 제가 좋아하는 일을 할 수 있도록 끝없는 격려와 응원을 보내주는 사랑하는 남편, 그리고 팅팅이에게 이 글을 빌려 진심 어린 감사의 마음을 전합니다.

저자 임한나

# 목차

## Chapter 들어가기 — 12

1 중국어란?
2 성조
3 운모
4 성모
5 한어병음 표기 규칙
6 성조 변화
7 격음 부호
8 er화

## Chapter 01

**Unit 1**  안녕하세요!  — 28
표현 넓히기
- 시간대 알아보기!
- 감사 인사 | 사과 인사 | 안부 인사 | 작별 인사 표현 말해 보기!

**Unit 2**  우리 뭐 먹을까요?  — 38
표현 넓히기
- 카페 메뉴판 알아보기!
- 일상 속에 필요한 동사와 목적어 표현 말해 보기!

**Unit 3**  당신은 요즘 잘 지내요?  — 48
표현 넓히기
- 날씨 알아보기!
- 일상 속에 필요한 형용사 표현 말해 보기!

**Unit 4**  이것은 뭐예요?  — 58
표현 넓히기
- 다양한 나라 사람 알아보기!
- 다양한 직업 표현 말해 보기!

**Unit 5**  오늘은 무슨 요일이죠?  — 68
표현 넓히기
- 중국 명절과 기념일 알아보기!
- 12간지 동물과 띠 표현 말해 보기!

## Chapter 02

**Unit 6**  지금 몇 시예요?  — 80
표현 넓히기
- 나의 하루 일정 채워 보기!
- 하루 일정 말해 보기!

**Unit 7**  당신 시간 있어요?  — 90
표현 넓히기
- 방 안의 양사 알아보기!
- 가방 안의 사물 표현 말해 보기!

| Unit 8 | 당신은 어디에 있어요? | 100 |

표현 넓히기
- 우리 마을에 있는 장소 알아보기!
- 장소에 어울리는 활동 표현 연결하고 말해 보기!

| Unit 9 | 저는 친구를 만나러 가요. | 110 |

표현 넓히기
- 중국 교통수단 알아보기!
- 장소에 가는 목적 표현 말해 보기!

| Unit 10 | 당신은 뭐 하는 걸 좋아해요? | 120 |

표현 넓히기
- 다양한 취미 활동 알아보기!
- 좋아하는 운동 표현 말해 보기!

# Chapter 03

| Unit 11 | 저는 여행 가고 싶어요. | 132 |

표현 넓히기
- 중국 여행지 알아보기!
- 친구와 할 수 있는 활동 표현 말해 보기!

| Unit 12 | 저는 다이어트할 거예요. | 142 |

표현 넓히기
- 배달에서 인기 있는 중국음식 알아보기!
- 계획하려는 활동 표현 말해 보기!

| Unit 13 | 당신은 춤을 출 줄 알아요? | 152 |

표현 넓히기
- SNS에서 쓰이는 감정 표현 알아보기!
- 배워서 할 수 있는 활동 표현 말해 보기!

| Unit 14 | 저를 데려다 줄 수 있나요? | 162 |

표현 넓히기
- 중국 10대 도시 알아보기!
- 공항에서 자주 활용하는 표현 말해 보기!

| Unit 15 | 제가 입어 봐도 될까요? | 172 |

표현 넓히기
- 중국 화폐 알아보기! / 중국의 QR 결제 시스템 알아보기!
- 다양한 과일 명칭과 금액 표현 말해 보기!

| | 정답 | 183 |

| 복습 교재 | 쓰기 노트&어법 정리 |

# 20일 학습 플랜

| DAY | 단원명 | 주요 내용 |
|---|---|---|
| 1 | \multicolumn{2}{c}{Chapter 들어가기} |
| 1 | 1 중국어란? | ① 한어  ② 보통화  ③ 간체자  ④ 한어병음 |
| 1 | 2 성조 | ① 성조  ② 경성 |
| 1 | 3 운모 | ① 단운모  ② 복운모  ③ 비운모  ④ 결합운모  ⑤ 권설운모 |
| 1 | 쓰기 노트  운모 복습 | |
| 2 | 4 성모 | ① 입술 소리  ② 입술과 이 소리  ③ 혀끝과 이 소리  ④ 혀뿌리 소리<br>⑤ 혓바닥 소리  ⑥ 혀끝 앞 소리  ⑦ 혀를 마는 소리 |
| 2 | 5 한어병음 표기 규칙 | ① 성조 표기  ② 운모 표기 |
| 2 | 6 성조 변화 | ① 제3성의 성조 변화  ② 不 bù의 성조 변화  ③ 一 yī의 성조 변화 |
| 2 | 7 격음 부호 | |
| 2 | 8 er화 | |
| 2 | 쓰기 노트  성모&한어병음 복습 | |
| 3 | \multicolumn{2}{c}{Chapter 01} |
| 3 | Unit 1 你好! | • 만났을 때 첫 인사말 '니 하오' 你好!<br>• 헤어질 때 끝 인사말 '짜이찌엔' 再见! |
| 3 | 쓰기 노트  복습&테스트 | |
| 4 | Unit 2 我们吃什么? | • 주어의 동작을 표현하는 동사술어문<br>• 목적어가 추가된 동사술어문 |
| 4 | 쓰기 노트  복습&테스트 | |
| 5 | Unit 3 你最近好吗? | • 주어의 상태를 표현하는 형용사술어문<br>• 정도를 나타내는 표현 '너무 ~하다' 太……了 |
| 5 | 쓰기 노트  복습&테스트 | |
| 6 | Unit 4 这是什么? | • '~이다', '~아니다'의 기본 동사 是, 不是<br>• 가까운 '이(것)'과 멀리 있는 '저(것)', '그(것)'의 지시대명사 这, 那 |
| 6 | 쓰기 노트  복습&테스트 | |
| 7 | Unit 5 今天星期几? | • 날짜 또는 요일을 말할 때 명사술어문<br>• 명사술어문의 부정문 |
| 7 | 쓰기 노트  복습&테스트 | |
| 8 | [어법 정리] Chapter 01 | |

| DAY | 단원명 | | 주요 내용 |
|---|---|---|---|
| | **Chapter 02** | | |
| 9 | Unit 6 现在几点? | | • 시간을 묻고 답하기<br>• 하루 일과 말해 보기 |
| | 쓰기 노트 | 복습&테스트 | |
| 10 | Unit 7 你有时间吗? | | • 가지고 있다, 없다 소유의 有<br>• 그곳에 있다, 없다 존재의 有 |
| | 쓰기 노트 | 복습&테스트 | |
| 11 | Unit 8 你在哪儿? | | • 위치한 장소를 말할 때 在 + 장소<br>• 장소에서 무엇을 할 때 在 + 장소 + 동사 |
| | 쓰기 노트 | 복습&테스트 | |
| 12 | Unit 9 我去见朋友。 | | • 가는 목적을 말할 때 去 + 목적<br>• 가는 수단을 말할 때 坐 + 교통수단 + 去 |
| | 쓰기 노트 | 복습&테스트 | |
| 13 | Unit 10 你喜欢做什么? | | • 좋아하는 것을 말할 때 喜欢<br>• 계획과 일정을 말할 때 打算 |
| | 쓰기 노트 | 복습&테스트 | |
| 14 | [어법 정리] **Chapter 02** | | |
| | **Chapter 03** | | |
| 15 | Unit 11 我想去旅游。 | | • 바람 · 소망을 말할 때 조동사 想<br>• 누군가와 함께일 때 전치사 跟 |
| | 쓰기 노트 | 복습&테스트 | |
| 16 | Unit 12 我要减肥。 | | • 의지나 계획을 말할 때 조동사 要<br>• 출발점(시작점)을 표현하는 从……开始 |
| | 쓰기 노트 | 복습&테스트 | |
| 17 | Unit 13 你会跳舞吗? | | • 학습 · 경험을 통해 할 줄 알 때 조동사 会<br>• 누구에게 무엇을 해줄 때 전치사 给 |
| | 쓰기 노트 | 복습&테스트 | |
| 18 | Unit 14 你能送我吗? | | • 상황 · 조건이 가능함을 표현하는 조동사 能<br>• 기준점에서 떨어진 거리를 표현하는 전치사 离 |
| | 쓰기 노트 | 복습&테스트 | |
| 19 | Unit 15 我可以试穿吗? | | • '허락'과 '가능'의 조동사 可以<br>• 두 가지 특징을 말할 때 又A又B |
| | 쓰기 노트 | 복습&테스트 | |
| 20 | [어법 정리] **Chapter 03** | | |

## 이 책의 구성

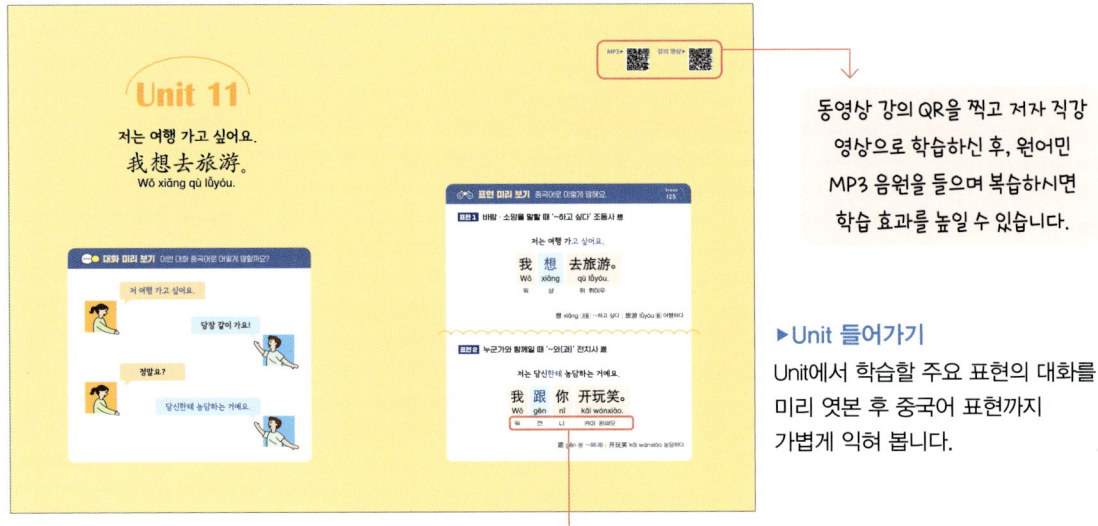

▶ Unit 들어가기
Unit에서 학습할 주요 표현의 대화를 미리 엿본 후 중국어 표현까지 가볍게 익혀 봅니다.

중국어를 자연스럽게 읽을 수 있게 한국어 독음을 정리했습니다.
* 한국어 독음은 국립국어원 표기 기준이 아닌 'Chapter 들어가기'에서 설명하는 한어병음 발음을 그대로 정리하였습니다.

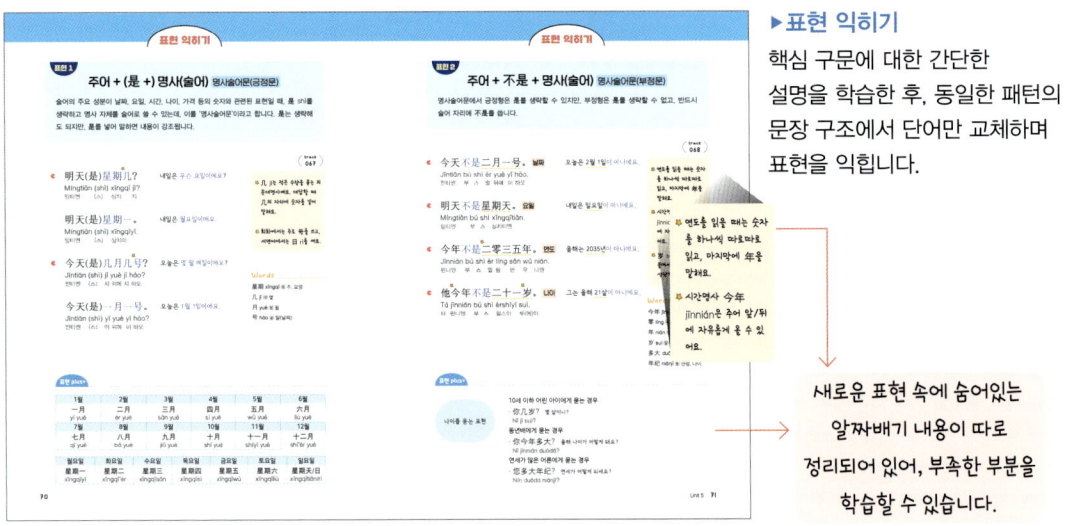

▶ 표현 익히기
핵심 구문에 대한 간단한 설명을 학습한 후, 동일한 패턴의 문장 구조에서 단어만 교체하며 표현을 익힙니다.

새로운 표현 속에 숨어있는 알짜배기 내용이 따로 정리되어 있어, 부족한 부분을 학습할 수 있습니다.

▶표현 tip
대화 속 숨어있는 어법을 속속들이 tip으로 정리하여 빠짐없이 학습합니다.

▶대화 한 컷
주요 표현이 쓰인 현지 대화를 학습합니다.

▶문제 풀어 보기
듣고, 말하고, 써 보는 문제를 풀어 보며, 학습한 내용을 확인해 봅니다.

▶표현 넓히기
그림으로 정리된 확장 단어를 흥미롭게 익힙니다.

## 이 책의 활용법

### *복습 교재

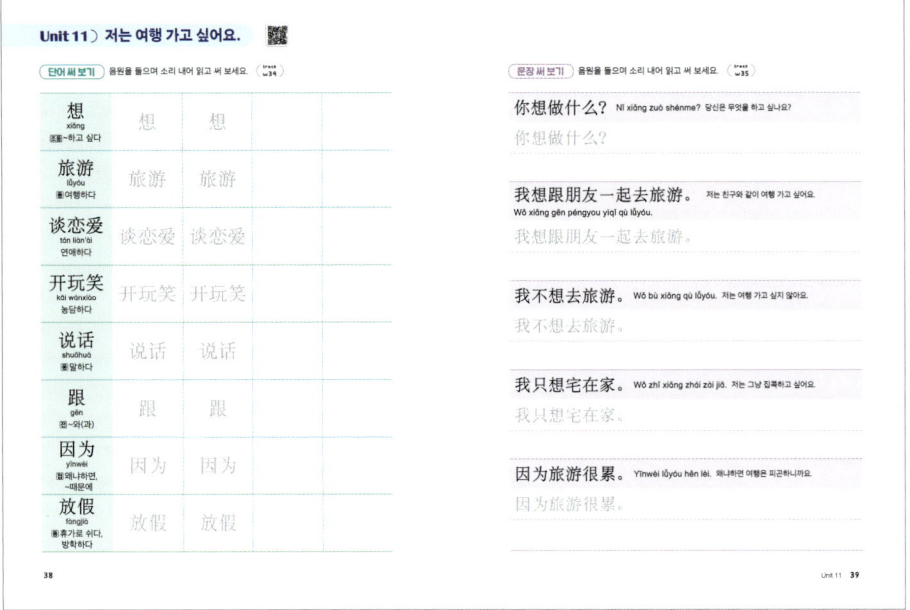

▶ 쓰기 노트: 단어&문장 써 보기
QR을 찍고 음원을 들으면서 단어와 문장을 소리 내어 읽고 써 보며 복습합니다.

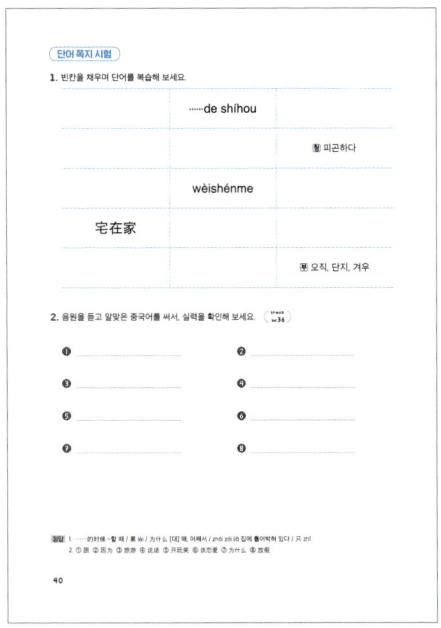

▶ 쓰기 노트: 단어 쪽지 시험
쪽지 시험으로 단어 실력을 확인합니다.

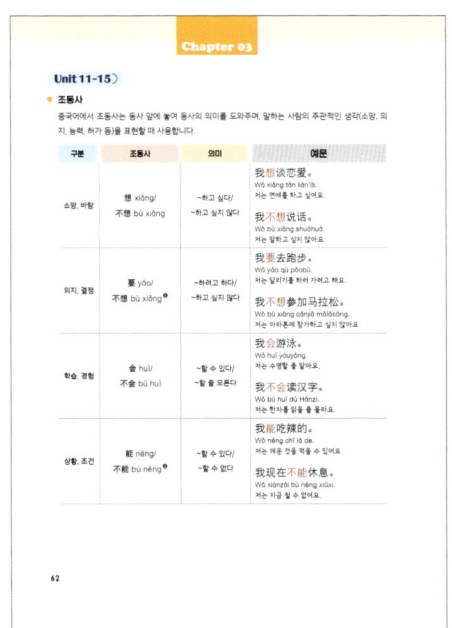

▶ 어법 정리
Chapter가 끝날 때마다 간단하게 정리된 어법 내용을 확인하며 마무리합니다.

## *동영상 강의

저자 선생님만의 중국어 학습 비법을 더욱 자세히 전달하기 위해 강의 영상을 준비했습니다. 교재에 실린 QR 코드를 찍거나 시사북스 유튜브 채널 (https://www.youtube.com/@sisabooks)로 들어오시면 바로 확인할 수 있습니다.
어디서도 볼 수 없는 중국어 첫걸음 학습 영상을 놓치지 마세요!

## *품사 약호표

| 약호 | 한국어 | 약호 | 한국어 |
|---|---|---|---|
| 명 | 명사 | 양 | 양사 |
| 고유 | 고유명사 | 부 | 부사 |
| 대 | 대명사 | 전 | 전치사 |
| 동 | 동사 | 접 | 접속사 |
| 조동 | 조동사 | 조 | 조사 |
| 형 | 형용사 | 감탄 | 감탄사 |
| 수 | 수사 | 지명 | 지역 또는 나라명 |

# Chapter 들어가기

중국어 학습으로 첫걸음을 내디딘 여러분, 반갑습니다!

지금부터 중국어의 다채로운 음색과 리듬에 흠뻑 젖어드는 시간을 가져 볼까요?

중국어를 배우기 위한 기본 요소 한어병음을 구성하는

성모, 운모 그리고 다섯 가지 성조를 하나씩 차근차근 익히며,

마치 멜로디를 연주하듯 목소리에 생동감을 불어 넣어 봅시다.

자, 지금부터 중국어의 매력 속으로 뛰어들어 볼까요?

MP3 ▶    강의 영상 ▶

## study plan

| 1 | 중국어란? |
| 2 | 성조 |
| 3 | 운모 |
| 4 | 성모 |
| 5 | 한어병음 표기 규칙 |
| 6 | 성조 변화 |
| 7 | 격음 부호 |
| 8 | er화 |

# 중국어란?

### ❶ 한어 汉语

중국은 전체 인구의 90% 이상을 차지하는 한족과 55개의 소수민족으로 구성된 다민족 국가입니다. 다양한 민족의 언어 중 인구의 절대 다수를 구성하는 한족의 언어를 공통어로 지정하였고, 이를 '한어'라고 합니다.

### ❷ 보통화 普通话

중국에는 수많은 방언이 있으나 수도인 베이징 발음과 북방 지역 언어를 중심으로 표준어를 제정했습니다. 이를 '보통화'라고 합니다.

### ❸ 간체자 简体字

우리나라, 홍콩, 대만에서 쓰고 있는 한자는 '번체자'라고 합니다. 중국에서도 처음에는 번체자를 사용했지만, 1956년부터 지금까지 문맹률을 낮추기 위해 한자의 획을 간략화시킨 '간체자'를 쓰고 있습니다.

| 漢字 | 汉字 |
|---|---|
| 번체자 | 간체자 |

### ❹ 한어병음 汉语拼音

한자는 뜻을 나타내는 글자이므로, 의미는 추측할 수 있어도 정확한 발음을 알기는 어렵습니다. 그래서 누구나 쉽게 읽을 수 있는 로마자를 이용하여 발음을 기호로 표기하는데, 이를 '한어병음'이라고 합니다. 한어병음은 음절의 첫 소리인 '성모'와 그 나머지인 '운모' 그리고 음의 높낮이를 나타내는 '성조'로 구성되어 있습니다.

# 성조

## ❶ 성조 (track 001)

성조는 음의 높낮이를 말하며 기본적으로 4개의 성조 제1성, 제2성, 제3성, 제4성과 경성이 있습니다. 같은 발음이라도 성조가 다르면 의미가 달라지기 때문에 성조를 정확히 발음해야 합니다.

**제1성** 높은 음에서 시작해서 길게 쭉 뻗듯이 발음합니다. [아 →]
**제2성** 중간 음에서 시작하여 위로 끌어 올리듯 발음합니다. [아 ↗]
**제3성** 낮은 음에서 시작하여 더 낮은 음을 살짝 치고 다시 올라가며 발음합니다. [아 ↘↗]
**제4성** 가장 높은 음에서 시작하여 낮은 음으로 내리 찍듯이 짧게 발음합니다. [아 ↘]

## ❷ 경성 (track 002)

경성은 본래의 성조가 변하여 짧고 가볍게 내는 소리를 뜻합니다. 별도의 표기 기호는 없으며, 앞 글자의 성조에 따라 높낮이가 달라집니다. 제3성 뒤에 오는 경우를 제외하고 가볍게 툭 떨어뜨리듯이 발음합니다.

**제3성 + 경성** 이때 제3성은 낮은 음으로 시작해서 다시 끝까지 올리지 않는 '반3성'으로 발음합니다.
(* 21페이지 성조 변화 참고)

# 운모

운모는 우리말의 모음과 비슷한 개념으로, 음절에서 첫 소리를 제외한 나머지 부분을 나타냅니다. 중국어에는 가장 기본이 되는 단운모와 복운모, 비운모, 결합운모 등 36개의 운모가 있으며, 우리말의 모음과 달리 단독으로도 쓸 수 있습니다.

## ❶ 단운모 (track 003)

한 가지 소리로 이루어져 있으며, 가장 기본이 되는 운모입니다. i, u, ü가 단독으로 쓰일 경우에는 i(yi), u(wu), ü(yu)로 표기합니다.

| a [아] | o [오어] | e [으어] |
|---|---|---|
| 입을 최대한 크게 벌리고 '아~'라고 발음해요. | '오'로 시작해서 입술을 풀어주면서 '어'로 끝내요. | '으'로 시작해서 턱을 밑으로 자연스럽게 내리면서 '어'로 끝내요. |
| i(yi) [이] | u(wu) [우] | ü(yu) [위] |
| 입을 양 옆으로 쭉 늘리며 '이'라고 발음해요. | 입술에 힘을 주고 동그랗게 만들어 '우'라고 발음해요. | 입술을 동그랗게 만들고 앞으로 쭉 내민 상태에서 소리를 위쪽으로 보낸다는 생각으로 '위'를 발음해요. |

## ❷ 복운모 (track 004)

단운모를 제외한 남은 30개의 운모를 '복운모'로 분류합니다. 복운모에서 주요 운모 a, o, e가 앞에 오면 소리가 좀 더 강하게 발음됩니다.

| ai | ei | ao | ou |
|---|---|---|---|
| [아-이] | [에-이] | [아-오] | [어-우] |

## ❸ 비운모 (track 005)

운모 마지막에 n, ng가 오면 콧소리를 섞어 발음하는 운모를 '비운모'라고 합니다. n은 우리말의 'ㄴ'받침, ng는 'ㅇ'받침 소리와 비슷한데, 중국어는 더 안쪽에서부터 발음되기 때문에 부드러운 소리가 납니다.

| an | en | ang | eng | ong |
|---|---|---|---|---|
| [안] | [언] | [앙] | [엉] | [옹] |

## ❹ 결합운모

i, u, ü로 시작하여 다른 운모로 마무리되는 운모를 '결합운모'라고 합니다. i, u, ü는 소리가 약하게 발음되기 때문에, 상대적으로 뒤에 결합된 운모의 소리가 강하게 발음됩니다.

**i 결합운모**  성모 없이 i가 음절의 맨 앞에 오는 경우 y로 바꿔서 표기합니다. (track 006)

| ia(ya) | ie(ye) | iao(yao) | iou(you) | ian(yan)* |
|---|---|---|---|---|
| [이아] | [이에] | [이아오] | [이어우] | [이엔] |
| in(yin)* | iang(yang) | ing(ying)* | iong(yong) | |
| [인] | [이양] | [잉] | [이옹] | |

* ian은 '이안'으로 읽지 않도록 주의해요.
* in과 ing은 성모 없이 쓰일 경우 y를 앞에 붙여서 표기해요.

**u 결합운모**  성모 없이 u가 음절의 맨 앞에 오는 경우 w로 바꿔서 표기합니다. (track 007)

| ua(wa) | uo(wo) | uai(wai) | uei(wei) |
|---|---|---|---|
| [우아] | [우어] | [우아이] | [우에이] |
| uan(wan) | uen(wen) | uang(wang) | ueng(weng) |
| [우안] | [우언] | [우앙] | [우엉] |

**ü 결합운모**  성모 없이 ü가 음절의 맨 앞에 오는 경우 yu로 바꿔서 표기합니다. (track 008)

| üe(yue) | üan(yuan)* | ün(yun) |
|---|---|---|
| [위에] | [위엔] | [윈] |

* üan은 '위안'으로 읽지 않도록 주의해요.

## ❺ 권설운모 (track 009)

혀를 말듯이 살짝 들어 올려 발음하는 운모를 '권설운모'라고 합니다.

| er |
|---|
| [얼] |

# 성모

성모는 우리말의 자음과 같은 역할을 합니다. 총 21개이며, 운모와 달리 단독으로 쓸 수 없어서 반드시 운모와 결합해야 발음할 수 있습니다.

| 입술소리 | b p m | o [오어] |
|---|---|---|
| 입술과 이 소리 | f | o [오어] |
| 혀끝과 이 소리 | d t n l | e [으어] |
| 혀뿌리 소리 | g k h | e [으어] |
| 혓바닥 소리 | j q x | i [이] |
| 혀끝 앞 소리 | z c s | i [으]* |
| 혀를 마는 소리 | zh ch sh r | i [으]* |

* 운모 i 발음이 z, c, s, zh, ch, s, r와 만나면, 본래의 발음이 아닌 음가가 없는 '으' 소리가 납니다.

### ❶ 입술 소리 ( track 010 )

두 입술을 붙였다 떼며 내는 소리

| b(o) | p(o) | m(o) |
|---|---|---|
| [뽀어] | [포어] | [모어] |

### ❷ 입술과 이 소리 ( track 011 )

윗니로 아랫입술을 살짝 붙였다가 뗄 때 바람을 불어 내는 소리

| f(o) |
|---|
| [포(f)어] |

### ❸ 혀끝과 이 소리 ( track 012 )

혀끝을 윗니 안쪽에 붙였다 떼며 내는 소리

| d(e) | t(e) | n(e) | l(e) |
|---|---|---|---|
| [뜨어] | [트어] | [느어] | [르어] |

❹ **혀뿌리 소리** ( track 013 )

혀뿌리를 가장 안쪽 입천장에 붙였다 떼며 내는 소리*

| g(e) | k(e) | h(e) |
|---|---|---|
| [끄어] | [크어] | [흐어] |

* **발음 Tip** 문자 보낼 때 자주 쓰는 'ㅋㅋㅋ'를 육성으로 한 번 읽어 보세요. 그때 자극되는 목 안쪽 깊숙한 곳에서 나오는 소리예요.

❺ **혓바닥 소리** ( track 014 )

혀를 넓게 펴고 내는 소리*

| j(i) | q(i) | x(i) |
|---|---|---|
| [지] | [치] | [시] |

* **발음 Tip** 입을 양 옆으로 늘리면 혀가 자연스럽게 펴지는데, 그 상태로 혓바닥 앞부분만 살짝 움직이며 발음해 보세요.

❻ **혀끝 앞 소리** ( track 015 )

혀끝을 윗니 뒤쪽에 붙였다 떼면서 내는 소리*

| z(i) | c(i) | s(i) |
|---|---|---|
| [쯔] | [츠] | [쓰] |

* **발음 Tip** "쯧쯧……"할 때처럼 혀를 차듯이 발음해 보세요.

❼ **혀를 마는 소리** ( track 016 )

혀끝을 살짝 말듯이 올려 내는 소리*

| zh(i) | ch(i) | sh(i) | r(i) |
|---|---|---|---|
| [쯔-을] | [츠-을] | [스-을] | [르-을] |

* **발음 Tip** 혀끝을 치켜들어서 입천장 안쪽에 대고 내는 소리예요. 소리 내는 동안 혀가 풀리지 않고 그 위치를 유지한 채로 발음해야 해요. sh/r를 발음할 때는 혀가 입천장에 닿지 않도록 주의해 주세요! 표기된 [-을] 발음은 '혀끝 앞 소리'와 구분하기 위해 표기한 것으로, 실제로는 'ㄹ' 소리를 내지 않습니다.

# 한어병음 표기 규칙

## ❶ 성조 표기

성조는 기본적으로 운모 위에 표기하며, 운모가 두 개 이상일 경우에 가장 크게 소리 나는 부분에 쓰는 것을 원칙으로 합니다.

$$a > o, e > i, u, ü$$

- 위의 순서에 맞게 먼저 나오는 운모 위에 성조를 표시합니다.

    hǎo    dào    mèi

- 운모 i에 표기할 경우에는 i 위의 점을 생략합니다.

    yī    pí    qǐ    sì

- i와 u가 동시에 올 경우에는 뒤에 있는 모음에 성조를 표시합니다.

    diū    qiú    duì    guì

## ❷ 운모 표기(발음 시 주의 필요!)

- iou, uei, uen 앞에 성모가 함께 쓰이면 가운데 운모를 생략하고 표기합니다.

|  | 단독으로 쓰일 경우 | 성모와 함께 쓰일 경우 |
| --- | --- | --- |
| iou | [i → y로 변환] you | liu [iou → iu] |
| uei | [u → w로 변환] wei | dui [uei → ui] |
| uen | [u → w로 변환] wen | kun [uen → un] |

- j, q, x 뒤에 ü가 올 경우 두 점을 생략하고 u로 표기하되 발음은 그대로 합니다.

|  | ü | üe | üan | ün |
| --- | --- | --- | --- | --- |
| j | ju [쥐] | jue [쥐에] | juan [쥐엔] | jun [쥔] |
| q | qu [취] | que [취에] | quan [취엔] | qun [췬] |
| x | xu [쉬] | xue [쉬에] | xuan [쉬엔] | xun [쉰] |

# 성조 변화

## ❶ 제3성의 성조 변화 (track 017)

제3성의 성조가 연속으로 나올 경우 앞의 제3성을 제2성으로 읽고, 표기는 그대로 합니다.

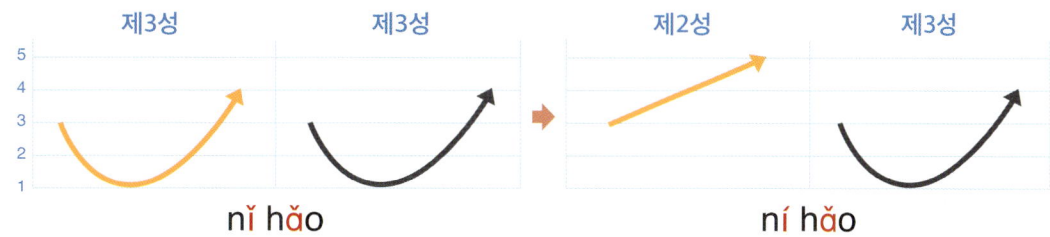

제3성 뒤에 제3성을 제외한 다른 성조 제1성, 2성, 4성, 경성이 오면 앞의 제3성을 앞부분 절반만 발음하는 제반3성으로 발음하며, 표기는 그대로 합니다.

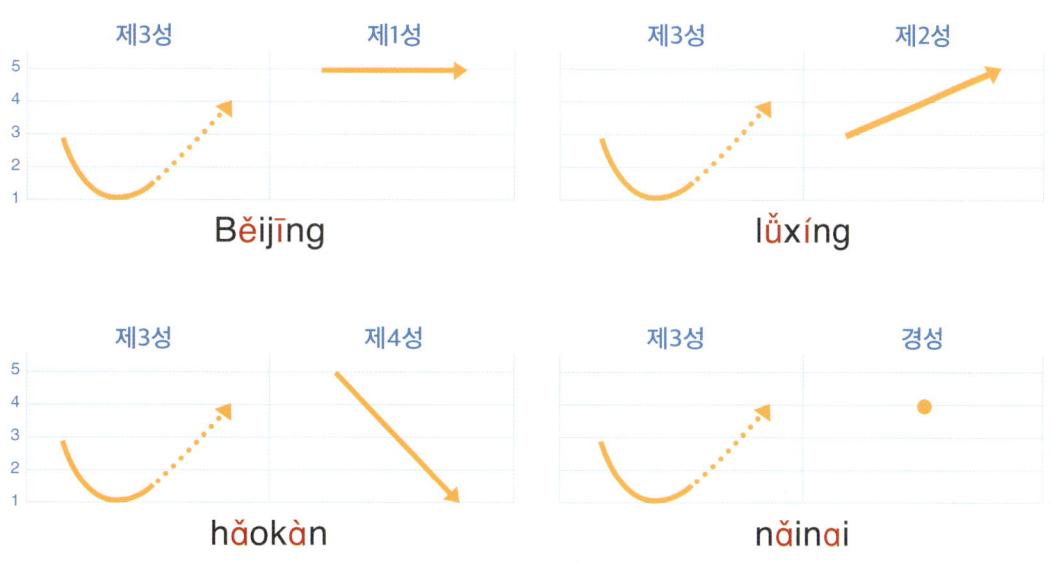

## ❷ 不 bù의 성조 변화 (track 018)

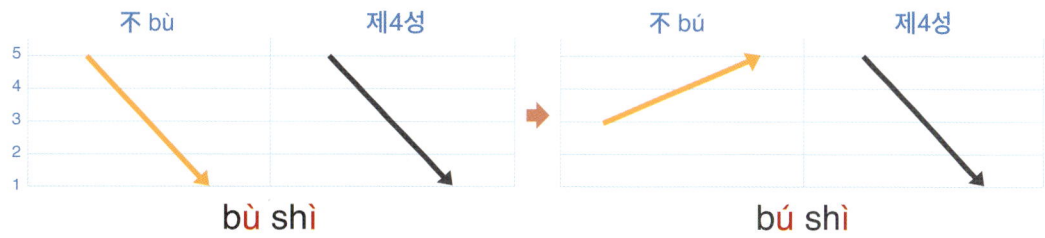

❸ 一 yī의 성조 변화 (track 019)

一는 숫자 1을 나타내는 말로, 단독으로 읽거나 서수(순서)로 쓰일 때만 원래 발음인 제1성으로 발음합니다. 하지만 뒤에 제1성, 제2성, 제3성이 오면 제4성으로 발음하고, 뒤에 제4성이나 경성이 오면 제2성으로 발음합니다. 이때 성조 표기 역시 바꿔 줍니다.

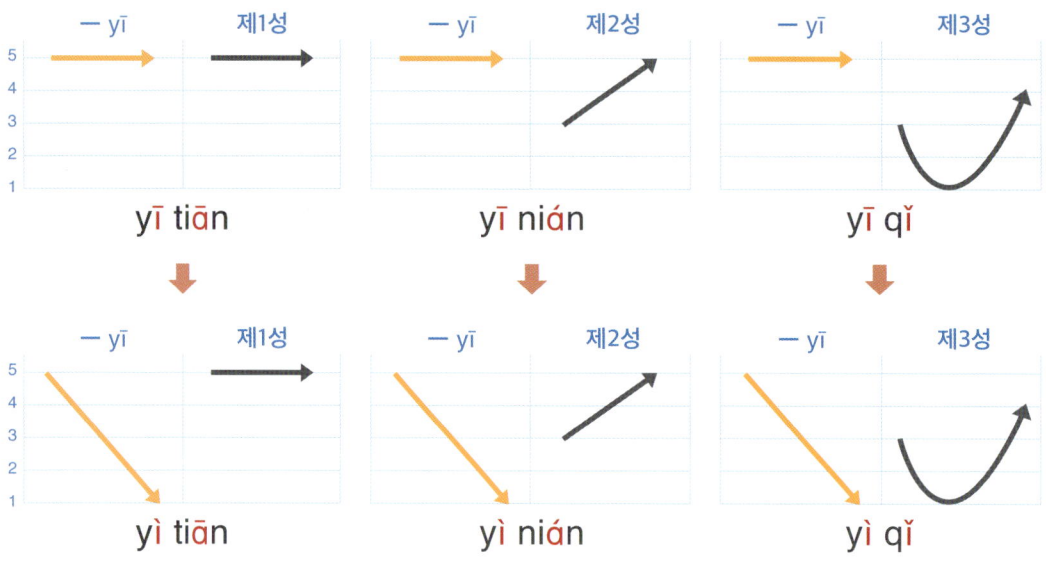

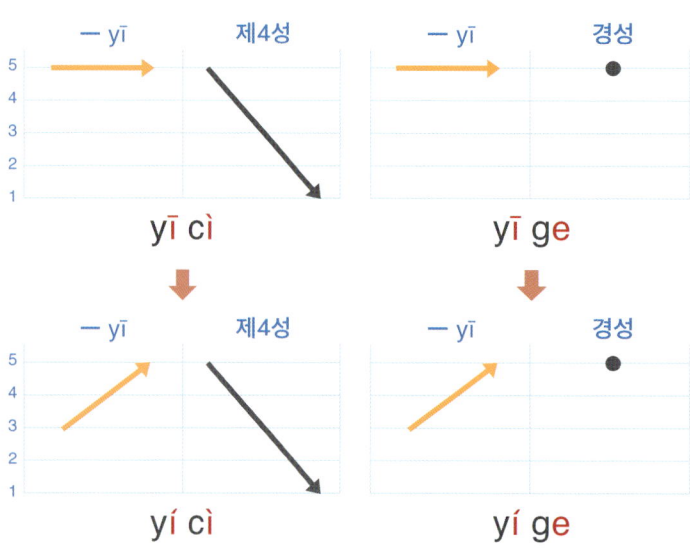

## 격음 부호

성모 없이 a, o, e로 시작하는 음절이 다른 음절의 뒤에 올 때, 두 음절을 명확하게 구분하기 위해 사용하는 기호(') 입니다.

- kě'ài　　Tiān'ānmén

## er화 (track 020)

중국 베이징을 비롯한 북방 사람들은 말할 때 음절 끝에 권설운모 er儿을 붙여서 혀를 마는 습관이 있는데, 이를 'er화(儿化)'라고 해요. 한어병음 표기 시에는 음절 끝에 r만 붙여 줍니다.

- 玩儿 wánr [왈] 놀다　　花儿 huār [활] 꽃　　事儿 shìr [설] 일

## ● 읽기 연습

1. 음원을 듣고 한어병음을 따라 읽어 보세요. (track 021)

|  | 1성 | 2성 | 3성 | 4성 | 경성 |
|---|---|---|---|---|---|
| 1성 | qiūtiān 가을 | xīnwén 뉴스 | hēibǎn 칠판 | qiānzhèng 비자 | zhuōzi 책상 |
| 2성 | huábīng 스케이트 | Hánguó 한국 | cídiǎn 사전 | yóupiào 우표 | qúnzi 치마 |
| 3성 | Běijīng 베이징 | měiyuán 달러 | shuǐguǒ 과일 | lǐwù 선물 | yǐzi 의자 |
| 4성 | xìnfēng 편지봉투 | dìtú 지도 | diànnǎo 컴퓨터 | hùzhào 여권 | màozi 모자 |

2. 음원을 듣고 숫자를 따라 읽어 보세요. (track 022)

| yī 1 | èr 2 | sān 3 | sì 4 | wǔ 5 |
|---|---|---|---|---|
| liù 6 | qī 7 | bā 8 | jiǔ 9 | shí 10 |

## ● 듣기 연습

1. 음원을 듣고 일치하는 운모를 골라 보세요. (track 023)

   ① □ a      □ o       ② □ ye     □ ei
   ③ □ i      □ yu      ④ □ yu     □ wu
   ⑤ □ an     □ en      ⑥ □ weng   □ yong

2. 음원을 듣고 일치하는 성모를 골라 보세요. (track 024)

   ① □ f      □ p       ② □ g      □ k
   ③ □ j      □ z       ④ □ l      □ r
   ⑤ □ s      □ c       ⑥ □ zh     □ z

3. 음원을 듣고 일치하는 한어병음을 골라 보세요. (track 025)

   ① □ cí     □ qí      ② □ liǎn   □ yǎn
   ③ □ zī     □ jī      ④ □ duī    □ liū
   ⑤ □ shì    □ sì      ⑥ □ zú     □ jú

4. 음원을 듣고 알맞은 위치에 성조를 표기하세요. (track 026)

   ① tian         ② zhao         ③ dui
   ④ women        ⑤ daxue        ⑥ laoshi
   ⑦ pengyou      ⑧ meiyou       ⑨ zuijin
   ⑩ youyong      ⑪ hen hao      ⑫ xiayu

챕터 01에서는 중국어의 기본 문형을 배웁니다.
차근차근 이해하면서 한 글자에서 한 단어 그리고 한 문장으로 말을 하면,
인사 표현, 축하 표현, 날짜 표현 등 말할 수 있는 것들이 점차 늘어날 거예요.
그럼 중국어로 첫인사를 해 볼까요?

# study plan

| Unit 1 | 안녕하세요! | • 만났을 때 첫 인사말 '니 하오' 你好!<br>• 헤어질 때 끝 인사말 '짜이찌엔' 再见! |

| Unit 2 | 우리 뭐 먹을까요? | • 주어의 동작을 표현하는 동사술어문<br>• 목적어가 추가된 동사술어문 |

| Unit 3 | 당신은 요즘 잘 지내요? | • 주어의 상태를 표현하는 형용사술어문<br>• 정도를 나타내는 표현 '너무 ~하다' 太……了 |

| Unit 4 | 이것은 뭐예요? | • '~이다', '~아니다'의 기본 동사 是, 不是<br>• 가까운 '이(것)'과 멀리 있는 '저(것)', '그(것)'의 지시대명사 这, 那 |

| Unit 5 | 오늘은 무슨 요일이죠? | • 날짜 또는 요일을 말할 때 명사술어문<br>• 명사술어문의 부정문 |

# Unit 1

## 안녕하세요!

你好!
Nǐ hǎo!

MP3 ▶  　 강의 영상 ▶

## 표현 미리 보기 중국어로 이렇게 말해요.

track 027

### 표현 1 만났을 때 첫 인사말 '니 하오'

안녕! / 안녕하세요!

**你 好!**
Nǐ hǎo!
니 하오

你 nǐ 대 너, 당신 | 好 hǎo 형 좋다, 안녕하다, 잘 지내다

### 표현 2 헤어질 때 끝 인사말 '짜이찌엔'

또 만나요!

**再 见!**
Zài jiàn!
짜이 찌엔

再 zài 부 또, 다시 | 见 jiàn 동 만나다, 보다

## 표현 익히기

**표현 1**

# 你好
안녕하세요 '니 하오'

你好는 처음 만났을 때 하는 가장 기본적인 인사말입니다. '안녕하다'라는 의미의 好 앞에 인사하려는 대상이나 시간을 바꾸어 다양하게 말할 수 있습니다.

track 028

- 您好!
  Nín hǎo!
  닌 하오
  (존칭) 안녕하세요!

- 你们好!
  Nǐmen hǎo!
  니먼 하오
  얘들아 안녕!

- 大家好!
  Dàjiā hǎo!
  따지아 하오
  여러분 안녕하세요!

- 老师好!
  Lǎoshī hǎo!
  라오스 하오
  선생님 안녕하세요!

★ 您 nín은 你를 높여 부르는 말이에요.

★ 们 men은 복수 표현이에요.
你 너
▶ 你们 너희들
朋友 péngyou 친구
▶ 朋友们 péngyoumen 친구들

**Words**

您 nín 대 당신(존칭)
你们 nǐmen 대 너희들
大家 dàjiā 명 여러분
老师 lǎoshī 명 선생님

---

**표현 plus+**

哈喽!
Hālou!
안녕! / 헬로우!

영어 hello를 음역한 표현이에요. 성조 표기는 '1성+경성'으로 하지만 구어에서는 '1성+2성'으로 말해요.
친한 사람들에게 가볍게 '哈喽!'라고 인사해 보세요!

## 표현 2

# 再见
또 만나요 '짜이찌엔'

헤어질 때 하는 인사말로 再는 '다시', '또'라는 의미이고, 见은 '보다', '만나다'라는 뜻이에요. 见 앞에 다시 만날 시간을 넣어 다양하게 표현할 수 있습니다.

track 029

- **晚上见!**
  Wǎnshang jiàn!
  완샹    찌엔
  
  저녁에 만나요!

- **明天见!**
  Míngtiān jiàn!
  밍티엔   찌엔
  
  내일 만나요!

- **下次见!**
  Xiàcì jiàn!
  씨아츠 찌엔
  
  다음에 만나요!

- **一会儿见!**
  Yíhuìr jiàn!
  이후얼  찌엔
  
  이따 만나요!

**Words**
晚上 wǎnshang 명 저녁
明天 míngtiān 명 내일
下次 xiàcì 명 다음번
一会儿 yíhuìr 양 잠시, 잠깐 동안

### 표현 plus+

**拜拜!**
Bái-bái!
잘 가! / 빠이빠이!

영어 bye-bye를 음역한 표현이에요.
현대 중국어에서는 再见보다 더 자주 쓰는 인사말입니다.

Unit 1   31

## 대화 한 컷

track 030

❶ 你好!
Nǐ hǎo!
니 하오

你好, 你好!
Nǐ hǎo, nǐ hǎo!
니 하오  니 하오

我们明天见!
Wǒmen míngtiān jiàn!
워먼  밍티엔  찌엔

好, 再见!
Hǎo, zàijiàn!
하오  짜이찌엔

- 안녕!
- 안녕, 안녕!

- 우리 내일 만나!
- 좋아. 또 봐!

## 대화 한 컷

### 표현 tip

track 031

**❶ 인칭대명사**

사람을 가리키는 대명사를 '인칭대명사'라고 합니다. 복수형은 们 men을 붙여서 표현합니다.

| 1인칭 | 我 wǒ 나, 저 | | 我们 wǒmen 우리(들) |
|---|---|---|---|
| 2인칭 | 你 nǐ 너 | | 你们 nǐmen 너희(들) |
| | 您 nín 당신, 귀하 | | |
| 3인칭 | 他 tā 그 | | 他们 tāmen 그들* |
| | 她 tā 그녀 | | 她们 tāmen 그녀들 |
| | 它 tā 그것** | | 它们 tāmen 그것들 |

\* 남녀가 함께 있을 때의 복수형은 他们을 사용합니다.
\*\* 동물, 사물 등은 它로 지칭합니다.

**❷ 好**

'좋다'라는 뜻으로 간단하게 긍정의 대답을 할 때 사용합니다.

## 문제 풀어 보기

**1.** 들려주는 단어의 한어병음을 적어 보세요. (track 032)

① _____  ② _____

③ _____  ④ _____

⑤ _____  ⑥ _____

**2.** 들려주는 내용과 일치하는 사진을 고르세요. (track 033)

① a.    b.

② a.    b.

## 문제 풀어 보기

**3.** 중국어 문장과 한어병음을 바르게 연결하세요.

❶ 您好!          a. Nǐmen hǎo!

❷ 你们好!         b. Bái-bái!

❸ 晚上见!         c. Nín hǎo!

❹ 拜拜!          d. Wǎnshang jiàn!


**4.** 다음 빈칸을 채우면서 써 보고 소리 내어 읽어 보세요.

❶ 여러분 안녕하세요!

　　　　好!

　　　　hǎo!

❷ 다음에 만나요!

　　　　见!

　　　　jiàn!

❸ 우리 내일 만나요!

我们 　　　　　!

Wǒmen 　　　　!

## 표현 넓히기

● 시간대 알아보기!

track 034

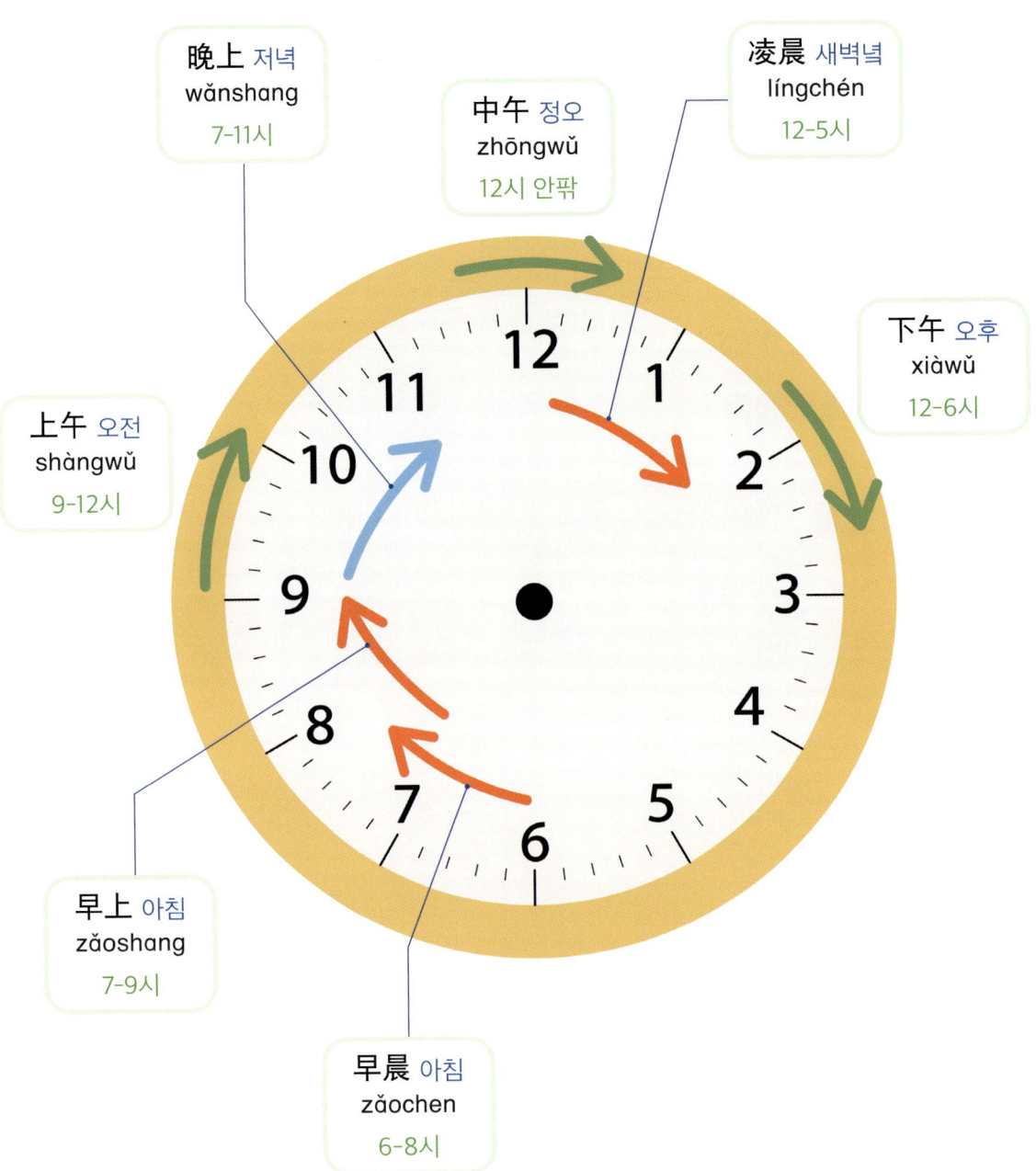

## 표현 넓히기

● 감사 인사 표현 말해 보기!

track 035

A 谢谢。 / 多谢。
　Xièxie.　　Duōxiè.
　감사합니다.

B 不客气。 / 不谢。
　Bú kèqi.　　Bú xiè.
　별 말씀을요.(천만에요.)

● 사과 인사 표현 말해 보기!

A 对不起。 / 不好意思。
　Duìbuqǐ.　　Bùhǎoyìsi.
　죄송합니다.(미안해요.)

B 没关系。 / 没事儿。
　Méi guānxi.　　Méi shìr.
　괜찮아요.

● 안부 인사 표현 말해 보기!

A 你过得好吗?
　Nǐ guò de hǎo ma?
　잘 지냈나요?

B 很好。 / 还可以。
　Hěn hǎo.　　Hái kěyǐ.
　잘 지냈어요. / 그럭저럭 지냈어요.

● 작별 인사 표현 말해 보기!

A 我先走了。
　Wǒ xiān zǒu le.
　먼저 갈게요.

B 好，那你忙吧。
　Hǎo, nà nǐ máng ba.
　네, 그럼 일 보세요.

# Unit 2

## 우리 뭐 먹을까요?
## 我们吃什么?
Wǒmen chī shénme?

**💬 대화 미리 보기** 이런 대화 중국어로 어떻게 말할까요?

 뭐 마실래요?

마실게요.

 어떤 거 마실래요?

저는 커피를 마실게요.

MP3 ▶ 　　강의 영상 ▶

##  표현 미리 보기  중국어로 이렇게 말해요.

track 036

**표현 1** 중국어 문장의 기본 구조 —— [주어 + 동사(술어)]

저는 **마셔요**.

**我** **喝。**
Wǒ　hē.
워　　허

喝 hē 통 마시다

---

**표현 2** 중국어 문장의 기본 구조 —— [주어 + 동사(술어) + 목적어]

저는 **커피를 마셔요**.

**我** **喝** **咖啡。**
Wǒ　hē　kāfēi.
워　　허　카페이

咖啡 kāfēi 명 커피

## 표현 익히기

### 표현 1

# 주어 + 동사(술어) 동사술어문

중국어 문장의 기본 어순은 [주어+술어]입니다. 동작을 나타내는 동사를 술어로 사용한 문장을 '동사술어문'이라고 합니다. 부정형은 동사 앞에 '~않다'라는 不 bù를 붙입니다. 이때 不의 성조 변화에 유의하세요.

**긍정** 我喝。 나는 마셔.
**부정** 我不喝。 나는 안 마셔.

> track 037

我吃。
Wǒ chī.
워 츠

저는 먹어요.

★ 중국어에는 '은/는/이/가'와 같은 조사가 없어요.

他买。
Tā mǎi.
타 마이

그는 사요.

### Words

吃 chī 동 먹다
买 mǎi 동 사다
不 bù 부 동사, 형용사 앞에 쓰여 부정을 표시
听 tīng 동 듣다
看 kàn 동 보다

她不听。
Tā bù tīng.
타 뿌 팅

그녀는 안 들어요.

我们不看。
Wǒmen bú kàn.
워먼  부 칸

우리는 안 봐요.

### 표현 plus+

我看……
wǒ kàn……
내가 볼 때……

看은 '보다'라는 뜻으로, 눈으로 보는 동작을 의미하지만, 자기 생각이나 의견을 말할 때도 자주 쓰여요.

## 표현 익히기

### 표현 2

# 주어 + 동사(술어) + 목적어 동사술어문

'나는 빵을 먹는다.'처럼 우리말은 목적어가 술어 앞에 옵니다. 중국어는 '나는 먹는다 빵을'의 순서로 목적어를 동사술어 뒤에 붙여 줍니다. 부정형도 목적어의 유무에 관계 없이, 동사 앞에 不 bù를 붙입니다.

긍정 我喝咖啡。 나는 커피를 마셔.
부정 我不喝咖啡。 나는 커피를 안 마셔.

track 038

- 我吃面包。 저는 빵을 먹어요.
  Wǒ chī miànbāo.
  워 츠 미엔빠오

- 他买衣服。 그는 옷을 사요.
  Tā mǎi yīfu.
  타 마이 이푸

- 她不听音乐。 그녀는 음악을 안 들어요.
  Tā bù tīng yīnyuè.
  타 뿌 팅 인위에

- 我们不看电影。 우리는 영화를 안 봐요.
  Wǒmen bú kàn diànyǐng.
  워먼 부 칸 띠엔잉

> 씹어먹는 음식에는 吃, 마시는 음료에는 喝로 구분하여 사용해요.
> 吃咖啡 (✗)
> 喝粥 hē zhōu 죽을 먹다
> ▶ 吃粥 (✗)

**Words**
面包 miànbāo 명 빵
衣服 yīfu 명 옷
音乐 yīnyuè 명 음악
电影 diànyǐng 명 영화

### 표현 plus+

**吃醋**
chī cù
(남녀사이에서)
질투하다

醋는 '식초'라는 뜻이에요. 吃醋라고 말하면 '식초를 먹다'가 아닌 '질투하다'라는 의미인데, 식초의 시큼한 맛 때문에 찌푸려지는 얼굴 표정과 질투의 표정이 아주 많이 닮아서 그렇답니다.
*喝醋 hē cù 식초를 먹다(마시다)

## 대화 한 컷

track 039

你喝咖啡❶吗?
Nǐ hē kāfēi ma?
니 허 카페이 마

我不喝咖啡, 我喝水。
Wǒ bù hē kāfēi, wǒ hē shuǐ.
워 뿌 허 카페이   워 허 슈(에)이

---

我们吃❷什么?
Wǒmen chī shénme?
워먼   츠 션머

我们吃水果❸吧。
Wǒmen chī shuǐguǒ ba.
워먼   츠 슈(에)이구어 바

- 너 커피 마실거야?
- 나는 커피를 안 마셔. 물을 마실게.

---

- 우리 뭐 먹지?
- 우리 과일 먹자.

## 대화 한 컷

### 단어 tip

track 040

- 吗 ma ㉿ 의문을 나타내는 어기조사
- 水 shuǐ ㉿ 물
- 什么 shénme ㉿ 무엇, 무슨
- 水果 shuǐguǒ ㉿ 과일
- 吧 ba ㉿ 제안, 추측 등을 나타내는 어기조사

### 표현 tip

track 041

#### ❶ 의문문을 만드는 방법 1 — 吗, 정반의문문

가장 많이 쓰이는 의문문은 평서문 끝에 **吗**를 붙이는 방법이 있으며, 그 다음으로는 술어의 긍정형과 부정형을 나란히 써서 정반의문문을 만드는 방식이 있습니다. 정반의문문에서 **不**는 경성으로 읽고, 문장 끝에 **吗**를 쓰지 않습니다.

- 你喝咖啡吗?   당신은 커피를 마셔요? / 당신은 커피를 마실래요?
  Nǐ hē kāfēi ma?

- 你喝不喝咖啡?   당신 커피 마셔요, 안 마셔요?
  Nǐ hē bu hē kāfēi?

첫 번째 문장은 평소에 커피를 마시는지 물어보는 '커피 마셔요?'가 될 수도 있고, 권유하는 '커피 마실래요?'의 의미도 될 수 있습니다.

#### ❷ 의문문을 만드는 방법 2 — 의문대명사 什么

什么와 같은 의문대명사가 들어가는 의문문 끝에는 **吗**를 쓰지 않습니다.

- 你吃什么?   당신은 무엇을 먹나요? / 당신은 무엇을 먹을래요?
  Nǐ chī shénme?

#### ❸ 권유·제안의 吧

**吧**는 문장 끝에 쓰여 '~하자'의 제안, '~하겠지'의 추측, '~해 봐'의 가벼운 명령의 어기를 나타냅니다. 여기서는 제안의 의미를 나타냅니다.

## 문제 풀어 보기

**1.** 들려주는 단어의 한어병음을 적어 보세요.  (track 042)

① _____   ② _____

③ _____   ④ _____

⑤ _____   ⑥ _____

**2.** 들려주는 대화 내용과 일치하는 사진을 고르세요.  (track 043)

① a.    b.

② a.    b.

## 문제 풀어 보기

**3.** 동사와 어울리는 목적어를 바르게 연결해 보세요.

❶ 看 •　　　　　　　• a. 音乐

❷ 吃 •　　　　　　　• b. 电影

❸ 喝 •　　　　　　　• c. 咖啡

❹ 听 •　　　　　　　• d. 水果

**4.** 다음 빈칸을 채우면서 써 보고 소리 내어 읽어 보세요.

❶ 당신은 무엇을 듣나요?

你 ＿＿＿＿＿ ?

Nǐ ＿＿＿＿＿ ?

❷ 저는 커피를 안 마셔요.

我 ＿＿＿ 咖啡。

Wǒ ＿＿＿ kāfēi.

❸ 당신은 영화를 보나요?

你 ＿＿＿ 电影 ＿＿＿ ?

Nǐ ＿＿＿ diànyǐng ＿＿＿ ?

## 표현 넓히기

● 카페 메뉴판 알아보기!

track 044

### coffee

美式咖啡 아메리카노
měishì kāfēi

拿铁 카페라테
nátiě

手冲咖啡 핸드드립 커피
shǒuchōng kāfēi

### juice·ade

橙汁 오렌지주스
chéngzhī

柠檬苏打水 레몬에이드
níngméng sūdáshuǐ

西柚苏打水 자몽에이드
xīyòu sūdáshuǐ

### tea

绿茶 녹차
lǜchá

红茶 홍차
hóngchá

奶茶 밀크티
nǎichá

### dessert

马卡龙 마카롱
mǎkǎlóng

蛋糕 케이크
dàngāo

三明治 샌드위치
sānmíngzhì

## 표현 넓히기

● 일상 속에 필요한 동사와 목적어 표현 말해 보기!

track 045

Q. 你吃什么? 당신은 무엇을 먹나요?
Ní chī shénme?

A. 我吃面包。 저는 빵을 먹어요.
Wǒ chī miànbāo.

吃汉堡
chī hànbǎo
햄버거를 먹다

吃猪排
chī zhūpái
돈까스를 먹다

吃包子
chī bāozi
빠오즈를 먹다

吃炒年糕
chī chǎoniángāo
떡볶이를 먹다

喝可乐
hē kělè
콜라를 마시다

喝牛奶
hē niúnǎi
우유를 마시다

喝啤酒
hē píjiǔ
맥주를 마시다

喝汤
hē tāng
국을 마시다

看小说
kàn xiǎoshuō
소설책을 보다

看网络漫画
kàn wǎngluò mànhuà
웹툰을 보다

看视频
kàn shìpín
동영상을 보다

看抖音
kàn dǒuyīn
틱톡을 보다

Unit 2

# Unit 3

## 당신은 요즘 잘 지내요?
## 你最近好吗?
### Nǐ zuìjìn hǎo ma?

**대화 미리 보기** 이런 대화 중국어로 어떻게 말할까요?

잘 지내요?

저는 잘 지내요. 당신은요?

저는 너무 바빠요.

쉬엄쉬엄 해요~

MP3 ▶  강의 영상 ▶

## 표현 미리 보기 중국어로 이렇게 말해요.

track 046

**표현 1** 很 + 형용사 ── [주어 + 很 + 형용사(술어)]

저는 잘 지내요.

我 很 好。
Wǒ hěn hǎo.
워  헌  하오

很 hěn 〔부〕 매우

**표현 2** 형용사 앞에서 정도를 나타내는 太……了

너무 바빠요.

太 忙 了。
Tài máng le.
타이 망 러

太……了 tài……le 너무 ~하다 | 忙 máng 〔형〕 바쁘다

## 표현 익히기

### 표현 1
# 주어 + 很 + 형용사(술어) 형용사술어문

대상을 묘사하거나 상태를 설명하는 형용사가 술어로 쓰인 문장을 '형용사술어문'이라고 합니다. 평서문에서는 일반적으로 형용사 앞에 '매우'라는 뜻의 부사 很 hěn을 함께 쓰지만, 很은 거의 해석하지 않기 때문에 의미를 살리려면 강조해서 발음합니다. 부정형은 형용사 앞에 不를 붙입니다.

긍정  我很忙。 나는 바빠.
부정  我不忙。 나는 바쁘지 않아.

track 047

- 他很帅。 그는 멋있어요.
  Tā hěn shuài.
  타 헌 슈아이

- 人很多。 사람이 많아요.
  Rén hěn duō.
  런 헌 뚜어

- 衣服不便宜。 옷이 싸지 않아요.
  Yīfu bù piányi.
  이푸 뿌 피엔이

- 网速不快。 인터넷 속도가 빠르지 않아요.
  Wǎngsù bú kuài.
  왕쑤 부 쿠아이

**Words**
帅 shuài 형 멋있다
人 rén 명 사람
多 duō 형 많다
便宜 piányi 형 싸다
网速 wǎngsù 명 인터넷 속도
快 kuài 형 빠르다

### 표현 plus+

**帅**
shuài
멋있다

帅는 '잘생겼다', '멋있다'는 뜻으로, 여성에게도 '멋지다'는 의미로 사용할 수 있어요.
- 她很帅。 그녀는 멋져요.
  Tā hěn shuài.

50

## 표현 익히기

**표현 2**

# 太 + 형용사(술어) + 了  형용사술어문

형용사 앞에는 很 외에도, '정말', '아주', '좀', '비교적' 등의 다양한 정도부사가 올 수 있습니다. 그중 太 tài는 '너무'라는 뜻으로 很보다 강한 정도를 표현합니다. 주로 문장 끝에 了 le와 함께 쓰이며, 감탄이나 만족, 또는 불만의 정도를 강조할 때에도 자주 사용합니다.

track 048

- 她太漂亮了。
  Tā tài piàoliang le.
  타 타이 퍄오량 러

  그녀는 너무 예뻐요.

- 人太少了。
  Rén tài shǎo le.
  런 타이 샤오 러

  사람이 너무 적어요.

- 衣服太贵了。
  Yīfu tài guì le.
  이푸 타이 꾸(에)이 러

  옷이 너무 비싸요.

- 网速太慢了。
  Wǎngsù tài màn le.
  왕쑤 타이 만 러

  인터넷 속도가 너무 느려요.

**Words**

漂亮 piàoliang 형 예쁘다
少 shǎo 형 적다
贵 guì 형 비싸다
慢 màn 형 느리다

---

**표현 plus+**

**漂亮**
piàoliang
예쁘다, 훌륭하다

漂亮은 '예쁘다'라는 뜻 외에도 스포츠, 일 처리, 말, 행동 등을 평가할 때 '뛰어나다', '훌륭하다'라는 의미로도 사용해요.

- 动作太漂亮了。  동작이 너무 훌륭해요.
  Dòngzuò tài piàoliang le.

Unit 3  51

## 대화 한 컷

track 049

❶ 你最近好吗?
Nǐ zuìjìn hǎo ma?
니 쭈(에)이찐 하오 마

我最近太忙了，你❷呢?
Wǒ zuìjìn tài máng le, nǐ ne?
워 쭈(에)이찐 타이 망 러 니 너

我❸还好。你家人都好吗?
Wǒ hái hǎo. Nǐ jiārén dōu hǎo ma?
워 하이 하오 니 지아런 떠우 하오 마

他们都很好。
Tāmen dōu hěn hǎo.
타먼 떠우 헌 하오

- 너는 요즘 잘 지내?
- 나는 요즘 너무 바빠. 너는?
- 나는 그럭저럭 잘 지내.
  너희 가족들은 모두 잘 지내?
- 그들은 모두 잘 지내.

## 대화 한 컷

### 단어 tip
track 050

- 最近 zuìjìn 명 요즘, 최근
- 呢 ne 조 ~은(는)?
- 还 hái 부 그럭저럭, 그런대로
- 家人 jiārén 명 가족
- 都 dōu 부 모두, 다

### 표현 tip
track 051

#### ❶ 안부를 묻는 표현 你最近好吗?

**你好吗?**는 알고 지내는 사이에서 안부를 묻는 인사말입니다. 시간 명사 **最近**은 주어 앞이나 뒤에 자유롭게 올 수 있습니다.

#### ❷ 문장 끝의 呢

문장 끝에 오는 **呢**의 쓰임새는 매우 다양합니다. 여기서는 대화 중에 이미 언급된 질문의 내용을 생략하여 묻는 역할을 합니다. 만약 전후 맥락이 없을 경우에는 주로 대상이 어디에 있는지 물을 때 사용합니다.

- 他呢?   그 사람은요?
  Tā ne?

- 老师呢?   선생님은요?
  Lǎoshī ne?

#### ❸ 还

'좋다', '괜찮다'를 의미하는 형용사 **好**, **行** xíng과 형용사 **可以** kěyǐ 앞에서 쓰여 '그럭저럭 괜찮다'라는 뜻을 나타냅니다.

## 문제 풀어 보기

**1.** 들려주는 단어의 한어병음을 적어 보세요.  (track 052)

① _____  ② _____

③ _____  ④ _____

⑤ _____  ⑥ _____

**2.** 들려주는 대화 내용과 일치하는 사진을 고르세요.  (track 053)

① a.     b.

② a.     b.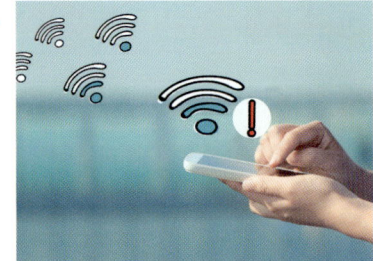

## 문제 풀어 보기

**3.** 의미가 반대되는 형용사를 바르게 연결해 보세요.

❶ 快　　•　　　　　　　• a. 贵

❷ 便宜　•　　　　　　　• b. 少

❸ 多　　•　　　　　　　• c. 不忙

❹ 很忙　•　　　　　　　• d. 慢

**4.** 다음 빈칸을 채우면서 써 보고 소리 내어 읽어 보세요.

❶ 저는 그럭저럭 잘 지내요.

我 _____ 。

Wǒ [　　　　　] .

❷ 그녀는 요즘 바빠요.

她最近 _____ 。

Tā zuìjìn [　　　　　] .

❸ 옷이 너무 비싸요.

衣服 _____ 贵 _____ 。

Yīfu [　　] guì [　　] .

## 표현 넓히기

● 날씨 알아보기!

track 054

## 표현 넓히기

● 일상 속에 필요한 형용사 표현 말해 보기!

track 055

很**热** 매우 덥다
hěn rè

太**热**了 너무 덥다
tài rè le

**大**
dà
크다

**小**
xiǎo
작다

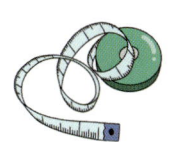
**长**
cháng
길다

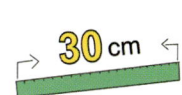
**短**
duǎn
짧다

**高**
gāo
높다, 키가 크다

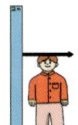
**矮**
ǎi
낮다, 키가 작다

**胖**
pàng
뚱뚱하다

**瘦**
shòu
날씬하다, 마르다

**难**
nán
어렵다

**容易**
róngyì
쉽다

**累**
lèi
피곤하다

**困**
kùn
졸리다

# 이것은 뭐예요?
## 这是什么?
Zhè shì shénme?

**대화 미리 보기** 이런 대화 중국어로 어떻게 말할까요?

 당신은 선생님인가요?

저는 학생이에요.

 이것은 뭐죠?

이것은 사진이에요.

MP3 ▶    강의 영상 ▶

## 표현 미리 보기 중국어로 이렇게 말해요.

track 056

**표현 1** '~이다', '~아니다'를 뜻하는 기본 동사 是, 不是

저는 학생이에요.

我 是 学生。
Wǒ shì xuésheng.
워 스 쉬에셩

是 shì 동 ~이다 | 学生 xuésheng 명 학생

**표현 2** '이(것)', '저(것)'을 가리키는 지시대명사 这, 那

이것은 / 저것은 사진이에요.

这/那 是 照片。
Zhè/Nà shì zhàopiàn.
쩌/나 스 짜오피엔

这 zhè 대 이것 | 那 nà 대 저것, 그것 | 照片 zhàopiàn 명 사진

## 표현 익히기

### 표현 1

# 是 / 不是
~이다 / ~아니다

A是B는 'A는 B이다'라는 기본 문형입니다. A에 주어로 인칭대명사가 오면, 동사 是 뒤에는 이름, 국적, 신분 등을 말할 수 있습니다. 'A는 B가 아니다'의 부정형은 A不是B라고 말합니다.

긍정  我是学生。 나는 학생이야.
부정  我不是学生。 나는 학생이 아니야.

track 057

- 我是汉娜。  저는 한나입니다.
  Wǒ shì Hànnà.
  워 스 한나

- 我是韩国人。  저는 한국인입니다.
  Wǒ shì Hánguórén.
  워 스 한구어런

- 他不是老师。  그는 선생님이 아닙니다.
  Tā bú shì lǎoshī.
  타 부 스 라오스

- 她不是上班族。  그녀는 직장인이 아닙니다.
  Tā bú shì shàngbānzú.
  타 부 스 샹빤주

**Words**
汉娜 Hànnà [인명] 한나
韩国人 Hánguórén [명] 한국인
上班族 shàngbānzú [명] 직장인
名字 míngzi [명] 이름

### 표현 plus+

叫
jiào
~라고 부르다

처음 만난 사이에서 자기 이름을 소개할 때는 叫라는 동사를 사용해요.

Q 你叫什么名字?  당신의 이름은 무엇입니까?
   Nǐ jiào shénme míngzi?

A 我叫汉娜。  저는 한나라고 해요.
   Wǒ jiào Hànnà.

## 표현 익히기

**표현 2**

# 这 / 那
이것 / 그것

这는 가까이 있는 사람이나 사물을 가리키는 '이(것)', 那는 멀리 있는 것을 가리키는 '그(것)', '저(것)'이라는 지시대명사입니다.

<small>track 058</small>

- 这是书。
  Zhè shì shū.
  쩌 스 슈
  
  이것은 책입니다.

- 那是电脑。
  Nà shì diànnǎo.
  나 스 띠엔나오
  
  저것은 컴퓨터입니다.

- 这不是手机。
  Zhè bú shì shǒujī.
  쩌 부 스 셔우지
  
  이것은 휴대폰이 아닙니다.

- 那不是杯子。
  Nà bú shì bēizi.
  나 부 스 뻬이즈
  
  그것은 컵이 아닙니다.

**Words**
书 shū 명 책
电脑 diànnǎo 명 컴퓨터
手机 shǒujī 명 휴대폰
杯子 bēizi 명 컵
也 yě 부 ~도

---

**표현 plus+**

**这些 / 那些**
zhèxiē / nàxiē
이것들, 그것들

지시대명사 복수형은 뒤에 '조금', '약간'을 의미하는 些 xiē를 붙여요.
이때 동사는 그대로 是를 쓰는데, 중국어는 영어와는 달리 단수·복수에 따른 동사의 변형이 없기 때문이에요.

- 这些是书，那些也是书。 이것들은 책이고, 저것들도 책이에요.
  Zhèxiē shì shū, nàxiē yě shì shū.

Unit 4  **61**

## 대화 한 컷

track 059

这是什么?
Zhè shì shénme?
쩌 스 션머

这是我的照片。
Zhè shì wǒ de zhàopiàn.
쩌 스 워 더 쨔오피엔

他是❶谁?
Tā shì shéi?
타 스 셰이

他是我❷的朋友。
Tā shì wǒ de péngyou.
타 스 워 더 펑여우

他是上班族吗?
Tā shì shàngbānzú ma?
타 스 샹빤주 마

❸不是, 他是大学生。
Bú shì, tā shì dàxuéshēng.
부 스 타 스 따쉐성

- 이것은 뭐야?
- 이것은 내 사진이야.
- 그는 누구야?
- 그는 나의 친구야.
- 그는 직장인이야?
- 아니, 그는 대학생이야.

## 대화 한 컷

### 단어 tip
track 060

- 的 de 조 ~의
- 谁 shéi 대 누구, 누가
- 朋友 péngyou 명 친구
- 大学生 dàxuéshēng 명 대학생

### 표현 tip
track 061

**① 의문대명사 谁**

谁는 '누구', '누가'라는 뜻으로 대상을 묻고 싶을 때 사용하는 의문대명사입니다.

**② 소유와 소속의 的**

的는 '~의'라는 뜻으로 뒤에 오는 명사를 수식하는 연결고리 역할을 합니다. 가족, 친구와 같은 가까운 관계나 소속 단체(학교/회사)를 수식할 때는 的를 생략할 수 있습니다.

- 我(的)哥哥   나의 오빠(형)   ▶ 관계
  wǒ (de) gēge

- 我们(的)学校   우리 학교   ▶ 소속
  wǒmen (de) xuéxiào

- 我的照片   내 사진   ▶ 소유
  wǒ de zhàopiàn

**Words**

哥哥 gēge 명 오빠, 형
学校 xuéxiào 명 학교

**③ 대답할 할 때도 是, 不是**

是……吗로 물어본 문장에서 '응', '네' 등 긍정의 대답은 **是**, '아니', '아니에요' 등 부정의 대답은 **不是**라고 말합니다.

## 문제 풀어 보기

**1.** 들려주는 단어의 한어병음을 적어 보세요.   track 062

① _____   ② _____

③ _____   ④ _____

⑤ _____   ⑥ _____

**2.** 들려주는 대화 내용과 일치하는 사진을 고르세요.   track 063

① a.    b.

② a.    b.

## 문제 풀어 보기

**3.** 보기에서 단어를 골라 빈칸을 채워 보세요.

| 보기 |
|---|
| 叫    的    不是    那些 |

❶ 这是我_____杯子。

❷ 她_____汉娜。

❸ _____是什么?

❹ 他_____我朋友，是我哥哥。

**4.** 다음 빈칸을 채우면서 써 보고 소리 내어 읽어 보세요.

❶ 그는 누구인가요?

　　　　　　　　　?

　　　　　　　　　?

❷ 그녀는 저의 선생님이에요.

她是　　　　　　　。

Tā shì 　　　　　　.

❸ 그것은 제 휴대폰이 아닙니다.

　　　　　　我的手机。

　　　　　　wǒ de shǒujī.

## 표현 넓히기

● 다양한 나라 사람 알아보기!

track 064

## 표현 넓히기

● 다양한 직업 표현 말해 보기!

track 065

Q. 你是演员吗? 당신은 배우입니까?
Nǐ shì yǎnyuán ma?

A. 不是，我是歌手。 아니요. 저는 가수입니다.
Bú shì, wǒ shì gēshǒu.

**Words**
演员 yǎnyuán 동 배우
歌手 gēshǒu 동 가수

美发师
měifàshī
미용사

厨师
chúshī
요리사

导游
dǎoyóu
가이드

售货员
shòuhuòyuán
판매원

作家
zuòjiā
작가

警察
jǐngchá
경찰

护士
hùshi
간호사

医生
yīshēng
의사

白领
báilǐng
(사무직) 직장인

插画家
chāhuà jiā
일러스트

自由职业者
zìyóuzhíyèzhě
프리랜서

模特
mótè
모델

Unit 4  **67**

# Unit 5

## 오늘은 무슨 요일이죠?
## 今天星期几?
Jīntiān xīngqī jǐ?

### 💬 대화 미리 보기  이런 대화 중국어로 어떻게 말할까요?

 오늘은 무슨 요일이죠?

오늘은 월요일이에요.

 금요일 아니에요?

오늘은 금요일이 아니에요.

MP3 ▶  강의 영상 ▶

## 표현 미리 보기 중국어로 이렇게 말해요.
track 066

**표현 1** 날짜 또는 요일 말하기 ── [주어 + 명사(술어)]

오늘은 월요일이에요.

今天 星期一。
Jīntiān xīngqīyī.
찐티엔 싱치이

今天 jīntiān 몡 오늘 | 星期一 xīngqīyī 월요일

**표현 2** 명사술어문의 부정은 不是

오늘은 금요일이 아니에요.

今天 不是 星期五。
Jīntiān bú shì xīngqīwǔ.
찐티엔 부스 싱치우

星期五 xīngqīwǔ 금요일

## 표현 익히기

### 표현 1
# 주어 + (是 +) 명사(술어) 명사술어문(긍정문)

술어의 주요 성분이 날짜, 요일, 시간, 나이, 가격 등의 숫자와 관련된 표현일 때, 是 shì를 생략하고 명사 자체를 술어로 쓸 수 있는데, 이를 '명사술어문'이라고 합니다. 是는 생략해도 되지만, 是를 넣어 말하면 내용이 강조됩니다.

**track 067**

- 明天(是)星期几?
  Míngtiān (shì) xīngqī jǐ?
  밍티엔 (스) 싱치 지
  내일은 무슨 요일이에요?

  明天(是)星期一。
  Míngtiān (shì) xīngqīyī.
  밍티엔 (스) 싱치이
  내일은 월요일이에요.

- 今天(是)几月几号?
  Jīntiān (shì) jǐ yuè jǐ hào?
  찐티엔 (스) 지 위에 지 하오
  오늘은 몇 월 며칠이에요?

  今天(是)一月一号。
  Jīntiān (shì) yī yuè yī hào?
  찐티엔 (스) 이 위에 이 하오
  오늘은 1월 1일이에요.

> ★ 几 jǐ는 적은 수량을 묻는 의문대명사예요. 대답할 때 几의 자리에 숫자를 넣어 말해요.
>
> ★ 회화에서는 주로 号를 쓰고, 서면어에서는 日 rì를 써요.

**Words**
星期 xīngqī 명 주, 요일
几 jǐ 대 몇
月 yuè 명 월
号 hào 양 일(날짜)

### 표현 plus+

| 1월 | 2월 | 3월 | 4월 | 5월 | 6월 |
|---|---|---|---|---|---|
| 一月<br>yī yuè | 二月<br>èr yuè | 三月<br>sān yuè | 四月<br>sì yuè | 五月<br>wǔ yuè | 六月<br>liù yuè |
| **7월** | **8월** | **9월** | **10월** | **11월** | **12월** |
| 七月<br>qī yuè | 八月<br>bā yuè | 九月<br>jiǔ yuè | 十月<br>shí yuè | 十一月<br>shíyī yuè | 十二月<br>shí'èr yuè |

| 월요일 | 화요일 | 수요일 | 목요일 | 금요일 | 토요일 | 일요일 |
|---|---|---|---|---|---|---|
| 星期一<br>xīngqīyī | 星期二<br>xīngqī'èr | 星期三<br>xīngqīsān | 星期四<br>xīngqīsì | 星期五<br>xīngqīwǔ | 星期六<br>xīngqīliù | 星期天/日<br>xīngqītiān/rì |

## 표현 익히기

**표현 2**

# 주어 + 不是 + 명사(술어) 명사술어문(부정문)

명사술어문에서 긍정형은 是를 생략할 수 있지만, 부정형은 是를 생략할 수 없고, 반드시 술어 자리에 不是를 씁니다.

track 068

- 今天<u>不是</u>二月一号。 날짜
  Jīntiān bú shì èr yuè yī hào.
  찐티엔 부 스 얼 위에 이 하오

  오늘은 2월 1일이 아니에요.

- 明天<u>不是</u>星期天。 요일
  Míngtiān bú shì xīngqītiān.
  밍티엔 부 스 싱치티엔

  내일은 일요일이 아니에요.

- 今年<u>不是</u>二零三五年。 연도
  Jīnnián bú shì èr líng sān wǔ nián.
  찐니엔 부 스 얼링 싼 우 니엔

  올해는 2035년이 아니에요.

- 他今年<u>不是</u>二十一岁。 나이
  Tā jīnnián bú shì èrshíyī suì.
  타 찐니엔 부 스 얼스이 쑤(에)이

  그는 올해 21살이 아니에요.

★ 연도를 읽을 때는 숫자를 하나씩 따로따로 읽고, 마지막에 年을 말해요.

★ 시간명사 今年 jīnnián은 주어 앞/뒤에 자유롭게 올 수 있어요.

★ 岁 suì는 숫자 뒤에 붙어서 대답할 수 있고, 생략할 수도 있어요.

**Words**

今年 jīnnián 명 올해
零 líng 수 0, 제로
年 nián 명 해, 년
岁 suì 양 세, 살
多大 duōdà 얼마의
年纪 niánjì 명 연령, 나이

**표현 plus+**

나이를 묻는 표현

10세 이하 어린 아이에게 묻는 경우
- 你几岁? 몇 살이니?
  Nǐ jǐ suì?

동년배에게 묻는 경우
- 你今年多大? 올해 나이가 어떻게 돼요?
  Nǐ jīnnián duōdà?

연세가 많은 어른에게 묻는 경우
- 您多大年纪? 연세가 어떻게 되세요?
  Nín duōdà niánjì?

## 대화 한 컷

track 069

❶ 祝你生日快乐!
Zhù nǐ shēngrì kuàilè!
쭈 니 셩르 콰이러

今天几号? ❷ 今天是星期五吗?
Jīntiān jǐ hào?　Jīntiān shì xīngqīwǔ ma?
찐티엔 지 하오　찐티엔 스 씽치우 마

今天七月二号，星期四。
Jīntiān qī yuè èr hào, xīngqīsì.
찐티엔 치 위에 얼 하오 씽치쓰

我的生日不是二号，是三号。
Wǒ de shēngrì bú shì èr hào, shì sān hào.
워 더 셩르 부 스 얼 하오 스 싼 하오

- 생일 축하해!
- 오늘 며칠이야? 오늘 금요일이야?
- 오늘은 7월 2일 목요일이야.
- 내 생일은 2일이 아니라, 3일이야.

## 대화 한 컷

### 단어 tip
track 070

- 祝 zhù 동 기원하다, 바라다
- 生日 shēngrì 명 생일
- 快乐 kuàilè 형 즐겁다, 유쾌하다

### 표현 tip
track 071

**① 祝**

祝你生日快乐!는 '생일 축하해요!'라는 뜻으로, 祝 뒤에 대상과 기념일을 함께 써서 축원과 축하의 인사말을 할 수 있습니다. 이때 祝你를 생략하고 간단하게 生日快乐!라고도 합니다.

명절/기념일 + 快乐

- (祝你)周末快乐! 즐거운 주말 되세요!
  (Zhù nǐ) Zhōumò kuàilè!
- (祝你)新年快乐! 즐거운 새해 되세요!
  (Zhù nǐ) Xīnnián kuàilè!
- (祝你)圣诞快乐! 메리 크리스마스!
  (Zhù nǐ) Shèngdàn kuàilè!

**Words**

周末 zhōumò 명 주말
新年 xīnnián 명 신년, 새해
圣诞 Shèngdàn 명 성탄절

**② 요일과 날짜 표현**

| 그저께 | 어제 | 오늘 | 내일 | 모레 |
|---|---|---|---|---|
| 前天 qiántiān | 昨天 zuótiān | 今天 jīntiān | 明天 míngtiān | 后天 hòutiān |
| 재작년 | 작년 | 올해 | 내년 | 내후년 |
| 前年 qiánnián | 去年 qùnián | 今年 jīnnián | 明年 míngnián | 后年 hòunián |

| 지난 주 | 이번 주 | 다음 주 |
|---|---|---|
| 上(个)星期 shàng (ge) xīngqī | 这(个)星期 zhè (ge) xīngqī | 下(个)星期 xià (ge) xīngqī |
| 지난 주 금요일 | 이번 주 금요일 | 다음 주 금요일 |
| 上(个)星期五 shàng (ge) xīngqīwǔ | 这(个)星期五 zhè (ge) xīngqīwǔ | 下(个)星期五 xià (ge) xīngqīwǔ |

## 문제 풀어 보기

**1.** 들려주는 단어의 한어병음을 적어 보세요.  *track 072*

❶ _____   ❷ _____

❸ _____   ❹ _____

❺ _____   ❻ _____

**2.** 들려주는 문장을 듣고 내용이 일치하면 ○, 다르면 ✕를 표시하세요.  *track 073*

❶   ❷

❸   ❹

74

## 문제 풀어 보기

**3.** 질문에 알맞은 대답을 찾아 연결해 보세요.

① 明天是几号?    a. 星期二。

② 今天星期几?    b. 不是星期六，是星期天。

③ 你的生日几月几号?    c. 二十号。

④ 二月一号是星期六吗?    d. 八月十九号。

**4.** 다음 빈칸을 채우면서 써 보고 소리 내어 읽어 보세요.

① 올해 나이가 어떻게 돼요?

你今年 _____ ?

Nǐ jīnnián _____ ?

② 즐거운 주말 되세요!

_____ 快乐!

_____ kuàilè!

③ 내일은 무슨 요일이에요?

明天(是) _____ ?

Míngtiān (shì) _____ ?

## 표현 넓히기

● 중국 명절과 기념일 알아보기!

track 074

### 전통 명절

春节 춘절
Chūnjié

음력 1월 1일

端午节 단오절
Duānwǔjié

음력 5월 5일

中秋节 중추절
Zhōngqiūjié

음력 8월 15일

元宵节 원소절
Yuánxiāojié

음력 1월 15일

清明节 청명절
Qīngmíngjié

양력 4월 4~6일

### 현대 기념일

劳动节 노동절
Láodòngjié

양력 5월 1일

国庆节 국경절
Guóqìngjié

양력 10월 1일

青年节 청년절
Qīngniánjié

양력 5월 4일

儿童节 아동의 날
Értóngjié

양력 6월 1일

## 표현 넓히기

- **12간지 동물과 띠 표현 말해 보기!**

  track 075

  Q. 你属什么? 당신은 무슨 띠예요?
  Nǐ shǔ shénme?

  A. 我属牛。 저는 소띠예요.
  Wǒ shǔ niú.

  **Words**
  属 shǔ 동 ~띠이다, ~에 속하다

鼠 shǔ 쥐 · 牛 niú 소 · 虎 hǔ 호랑이 · 兔 tù 토끼

龙 lóng 용 · 蛇 shé 뱀 · 马 mǎ 말 · 羊 yáng 양

猴 hóu 원숭이 · 鸡 jī 닭 · 狗 gǒu 개 · 猪 zhū 돼지

자, 이제 중국어가 어떤 언어인지 조금 친숙해졌나요?

챕터 01에서 우리는 중국어 인사 표현과 기본 문형을 배웠습니다.

이제는 한 단계 더 나아가서 일상 표현과 함께

자신이 좋아하는 것을 중국어로 천천히 말해 보는 연습을 해 봅시다.

그럼 챕터 02를 시작해 볼까요?

# study plan

| | | |
|---|---|---|
| **Unit 6** | 지금 몇 시예요? | • 시간을 묻고 답하기<br>• 하루 일과 말해 보기 |
| **Unit 7** | 당신 시간 있어요? | • 가지고 있다, 없다 소유의 有<br>• 그곳에 있다, 없다 존재의 有 |
| **Unit 8** | 당신은 어디에 있어요? | • 위치한 장소를 말할 때 在 + 장소<br>• 장소에서 무엇을 할 때 在 + 장소 + 동사 |
| **Unit 9** | 저는 친구를 만나러 가요. | • 가는 목적을 말할 때 去 + 목적<br>• 가는 수단을 말할 때 坐 + 교통수단 + 去 |
| **Unit 10** | 당신은 뭐 하는 걸 좋아해요? | • 좋아하는 것을 말할 때 喜欢<br>• 계획과 일정을 말할 때 打算 |

# Unit 6

## 지금 몇 시예요?
## 现在几点?
Xiànzài jǐ diǎn?

---

💬 **대화 미리 보기** 이런 대화 중국어로 어떻게 말할까요?

지금 몇 시예요?

지금은 1시 20분이에요.

드라마는 몇 시에 시작해요?

드라마는 2시에 시작해요.

MP3 ▶   강의 영상 ▶

## 🔍 표현 미리 보기 중국어로 이렇게 말해요.

track 076

### 표현 1 시간 표현 말하기

지금은 1시 20분이에요.

**现在** 一点二十分。
Xiànzài  yī diǎn èrshí fēn.
씨엔짜이  이 디엔 얼스 펀

现在 xiànzài 명 지금, 현재 | 点 diǎn 명 시 | 分 fēn 양 분

### 표현 2 '몇 시에 무엇을 하다' 시간과 동작 함께 말하기

드라마는 2시에 시작해요.

**电视剧** 两点 开始。
Diànshìjù  liǎng diǎn  kāishǐ.
띠엔스쥐  량 디엔  카이스

电视剧 diànshìjù 명 드라마 | 开始 kāishǐ 동 시작하다

## 표현 익히기

### 표현 1

# ☐点☐分 시간

**몇 시 몇 분**

중국어 시간 표현은 우리말처럼 '몇 시 몇 분'이라고 그대로 말하면 됩니다. 숫자 표현과 '시'를 나타내는 点 diǎn, '분'을 나타내는 分 fēn만 기억하세요. 문장으로 말할 때 주의할 점은 '~이다'라는 是를 주로 생략합니다. 단, 부정형은 꼭 시간 앞에 不是를 붙입니다.

**긍정** 现在(是)一点二十分。 지금은 1시 20분이야.
**부정** 现在不是一点二十分。 지금은 1시 20분이 아니야.

---

track 077

● 现在(是)一点(零)五分。 지금은 1시 5분이에요.
　Xiànzài (shì) yī diǎn (líng) wǔ fēn.
　씨엔짜이 (스) 이 디엔 (링) 우 펀

● 现在(是)一点一刻。 지금은 1시 15분이에요.
　Xiànzài (shì) yī diǎn yí kè.
　씨엔짜이 (스) 이 디엔 이 커

● 现在(是)两点半。 지금은 2시 반(30분)이에요.
　Xiànzài (shì) liǎng diǎn bàn.
　씨엔짜이 (스) 량 디엔 빤

☆ 10분 미만은 앞에 零을 붙이기도 해요.

☆ 15분 十五分 = 一刻
　shíwǔ fēn = yí kè

☆ 30분 三十分 = 半
　sānshí fēn = bàn

☆ 45분 四十五分 = 三刻
　sìshíwǔ fēn = sān kè

☆ '2시'는 二点 èr diǎn이 아닌 两点 liǎng diǎn이라고 해요.

### Words
一刻 yí kè 양 15분
两 liǎng 수 2, 둘
半 bàn 수 반

---

### 표현 plus+

**差 chà**
모자라다, 부족하다

'2시 5분 전', '2시 10분 전', '2시 15분 전'과 같은 표현은 差를 사용하여 말해요. 주의! 우리말 어순과는 반대로 말해요.

• 差一刻两点 2시 15분 전(1시 45분)
　chà yí kè liǎng diǎn

## 표현 익히기

### 표현 2

# 시간 + 동작
**몇 시에 무엇을 하다**

시간과 함께 하루 일과와 관련된 기본 동사 표현을 배워 봅니다. 시간을 먼저 말하고, 동작을 나타내는 동사를 다음에 말합니다.

track 078

- 我早上八点起床。
  Wǒ zǎoshang bā diǎn qǐchuáng.
  워 자오샹 빠 디엔 치촹
  
  저는 아침 8시에 일어나요.

- 我上午九点跑步。
  Wǒ shàngwǔ jiǔ diǎn pǎobù.
  워 샹우 지(어)우 디엔 파오뿌
  
  저는 오전 9시에 달려요.

- 我中午十二点吃饭。
  Wǒ zhōngwǔ shí'èr diǎn chīfàn.
  워 쭝우 스얼 디엔 츠판
  
  저는 정오 12시에 밥을 먹어요.

- 我晚上十点睡觉。
  Wǒ wǎnshang shí diǎn shuìjiào.
  워 완샹 스 디엔 슈(에)이쟈오
  
  저는 저녁 10시에 잠을 자요.

★ 下午 xiàwǔ 오후

★ 早饭 zǎofàn 아침 식사
　　午饭 wǔfàn 점심 식사
　　晚饭 wǎnfàn 저녁 식사

**Words**

早上 zǎoshang 명 아침
起床 qǐchuáng 통 기상하다
上午 shàngwǔ 명 오전
跑步 pǎobù 통 달리다
中午 zhōngwǔ 명 정오(낮 12시 전후)
吃饭 chīfàn 통 밥을 먹다
晚上 wǎnshang 명 저녁
睡觉 shuìjiào 통 잠을 자다
汉语 Hànyǔ 명 중국어

### 표현 plus+

| 이합사 | |
|---|---|
| 동사 | 목적어 |
| 起 일어나다 qǐ | 床 침대 chuáng |
| 跑 달리다 pǎo | 步 걸음 bù |
| 睡 자다 shuì | 觉 잠 jiào |

중국어에서는 [동사+목적어]로 이루어진 동사를 '이합사(离合词)'라고 하며, 한 단어이지만 동사와 목적어가 분리되기도 해요. 단어에 이미 목적어가 있기 때문에 뒤에 목적어를 추가할 수 없어요.

- 上课 shàngkè 수업을 하다
- 上汉语课 shàng Hànyǔ kè 중국어 수업을 하다

　　上课汉语 (×)

Unit 6　83

## 대화 한 컷

现在几点?
Xiànzài jǐ diǎn?
씨엔짜이  지 디엔

差十分六点。 怎么了?
Chà shí fēn liù diǎn. Zěnme le?
차  스 펀  리(어)우 디엔  전머  러

电视剧六点开始。
Diànshìjù liù diǎn kāishǐ.
띠엔스쥐  리(어)우 디엔 카이스

你经常看电视剧吗? 好看吗?
Nǐ jīngcháng kàn diànshìjù ma? Hǎokàn ma?
니 징창  칸  띠엔스쥐  마  하오칸  마

挺好看的。 你也看看吧!
Tǐng hǎokàn de. Nǐ yě kànkan ba!
팅  하오칸 더  니 예  칸칸  바

- 지금 몇 시야?
- 6시 10분 전이야. 왜 그래?
- 드라마가 6시에 시작해.
- 너는 드라마 항상 봐? 재밌어?
- 꽤 재밌어. 너도 좀 봐봐!

## 대화 한 컷

### 단어 tip

track 080

- 怎么了 zěnme le  왜 그래? 무슨 일이야?
- 经常 jīngcháng  [부] 늘, 항상
- 好看 hǎokàn  [형] 재미있다, 보기 좋다
- 挺……(的) tǐng……(de)  꽤 ~하다

### 표현 tip

track 081

**❶ 怎么了?**

'왜 그래?', '무슨 일이야?'라는 뜻으로, 상대방의 갑작스런 표정이나 행동의 변화에 의문을 가질 때 자주 쓰는 표현입니다.

**❷ 정도부사 挺……的**

挺은 '꽤', '무척'이라는 뜻으로, 很 대신 자주 쓰는 정도부사입니다. 일반적으로 문장 끝에 的를 붙여서 말합니다.

**❸ 동사중첩 看看**

동사를 연달아 두 번 중복하여 쓴 표현을 '동사중첩'이라고 합니다. 동사를 반복하여 말하면 '좀 ~해 봐'라는 의미가 되어 말투가 더 부드러워집니다. 2음절에서 두 번째 반복되는 음절은 비교적 가볍게 읽으며, 1음절 동사는 경성으로 읽습니다.

- 你看看!  당신 좀 봐봐요!
  Nǐ kànkan!

- 你休息休息吧!  당신 좀 쉬어요!
  Nǐ xiūxixiūxi ba!

**Words**

休息 xiūxi [형] 쉬다, 휴식하다

## 문제 풀어 보기

**1.** 들려주는 단어의 한어병음을 적어 보세요. (track 082)

❶ _____   ❷ _____

❸ _____   ❹ _____

❺ _____   ❻ _____

**2.** 들려주는 문장을 듣고 내용이 일치하면 ○, 다르면 ✕를 표시하세요. (track 083)

❶    ❷    ❸

❹    ❺    ❻

## 문제 풀어 보기

**3.** 시간과 동작을 연결하여 한 문장으로 말해 보세요.

① 早上　　　起床
② 上午　　　跑步
③ 中午　　　吃午饭
④ 晚上　　　睡觉

**4.** 다음 빈칸을 채우면서 써 보고 소리 내어 읽어 보세요.

① 지금 몇 시예요?

现在 _____ ?

Xiànzài _____ ?

② 지금은 2시 5분 전이에요.

现在 _____ 五分 _____ 。

Xiànzài _____ wǔ fēn _____ .

③ 꽤 재밌어요. 당신도 한번 보세요.

 好看 _____ 。你也 _____ 吧。

 hǎokàn _____ . Nǐ yě _____ ba.

## 표현 넓히기

● **나의 하루 일정 채워 보기!**

track 084

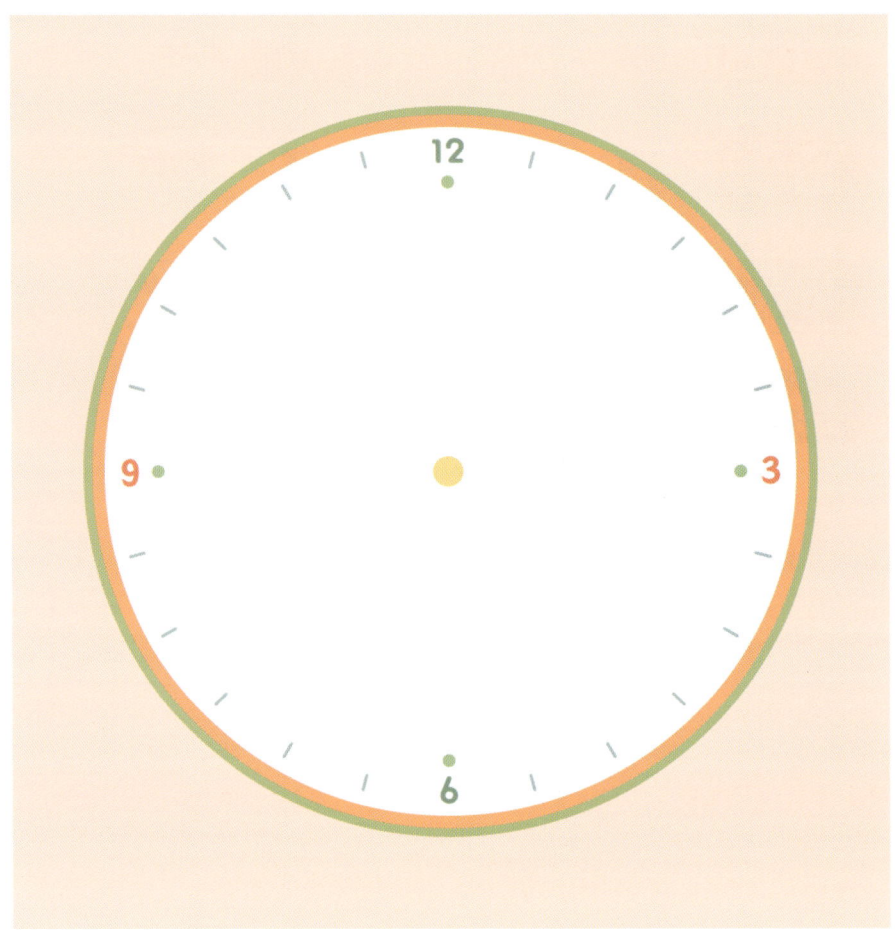

★ 아래 표현을 활용해 보세요.

| 숙제하기 | 做作业 zuò zuòyè |
|---|---|
| 외국어 공부하기 | 学习外语 xuéxí wàiyǔ |
| 게임하기 | 玩儿游戏 wár yóuxì |
| 운동하기 | 做运动 zuò yùndòng |
| 일기 쓰기 | 写日记 xiě rìjì |

- **한나쌤의 하루 일정 말해 보기!**

  track 085

  Q. 她早上几点起床? 그녀는 아침 몇 시에 일어나요?
  Tā zǎoshang jǐ diǎn qǐchuáng?

  A. 她早上七点起床。 그녀는 아침 7시에 일어나요.
  Tā zǎoshang qī diǎn qǐchuáng.

★ 한나쌤의 today plan

| | | | |
|---|---|---|---|
| 早上 | 07:00 | 기상 | 起床 qǐchuáng |
| | 07:15 | 세수하기 | 洗脸 xǐliǎn |
| | 08:20 | 아침식사 | 吃早饭 chī zǎofàn |
| 上午 | 9:00 | 뉴스를 훑어보기 | 看新闻 kàn xīnwén |
| | 10:00 | 산책하기 | 散步 sànbù |
| | 11:30 | 방 청소하기 | 打扫房间 dǎsǎo fángjiān |
| 中午 | 12:20 | 점심식사 | 吃午饭 chī wǔfàn |
| 下午 | 1:00 | 친구 만나기 | 见朋友 jiàn péngyou |
| | 5:00 | 귀가 | 回家 huíjiā |
| | 6:00 | 숏폼 영상 보기 | 刷短视频 shuā duǎn shìpín |
| 晚上 | 6:20 | 저녁식사 | 吃晚饭 chī wǎnfàn |
| | 8:45 | TV 보기 | 看电视 kàn diànshì |
| | 10:40 | 샤워하기 | 洗澡 xǐzǎo |
| | 11:00 | 잠자기 | 睡觉 shuìjiào |

Unit 6  89

# Unit 7

## 당신 시간 있어요?
## 你有时间吗?
### Nǐ yǒu shíjiān ma?

---

**💬 대화 미리 보기** 이런 대화 중국어로 어떻게 말할까요?

내일 시간 있어요?

그럼요. 저는 시간 있어요.

저기 강아지 한 마리가 있어요!

너무 귀여워요!

MP3 ▶ 강의 영상 ▶

###  표현 미리 보기  중국어로 이렇게 말해요.

`track 086`

**표현 1** '가지고 있다'의 '소유'를 나타내는 有

저는 시간 있어요.

我 有 时间。
Wǒ yǒu shíjiān.
워 여우 스지엔

有 yǒu 동 있다 | 时间 shíjiān 명 시간

---

**표현 2** '그곳에 있다'의 '존재'를 나타내는 有

저기에 강아지 한 마리가 있어요.

那儿 有 一只小狗。
Nàr yǒu yì zhī xiǎogǒu.
날 여우 이 즈 샤오거우

那儿 nàr 대 거기, 그곳 | 只 zhī 양 마리 | 小狗 xiǎogǒu 명 강아지

## 표현 익히기

### 표현 1

# 사람 + 有/没有 소유
## 가지고 있다 / 가지고 있지 않다

가장 많이 쓰는 기본 동사 중 하나인 有 yǒu는 주어가 사람일 때 '~을 가지고 있다'라는 소유의 의미를 나타냅니다. '~을 가지고 있지 않다'라는 부정형은 不有 bù yǒu가 아닌, 没有 méiyǒu를 씁니다.

긍정  我有时间。   나 시간 있어.
부정  我没有时间。  나 시간 없어.

track 087

- 我有事。 저는 일이 있어요.
  Wǒ yǒu shì.
  워 여우 스

- 我有钱。 저는 돈이 있어요.
  Wǒ yǒu qián.
  워 여우 치엔

- 我没有女朋友。 저는 여자친구가 없어요.
  Wǒ méiyǒu nǚ péngyou.
  워 메이여우 뉘 펑여우

- 我没有纸巾。 저는 휴지가 없어요.
  Wǒ méiyǒu zhǐjīn.
  워 메이여우 즈진

★ 男朋友 nán péngyou
남자친구

**Words**
事 shì 명 일
钱 qián 명 돈
没 méi 동 '소유'의 부정
女朋友 nǚ péngyou 명 여자친구
纸巾 zhǐjīn 명 휴지

### 표현 plus+

有没有……?
yǒu méiyǒu……?
~있어요 없어요?

'有没有……?' 형식의 정반의문문도 많이 사용해요. 이때 有/没有를 단독으로 사용하여 대답할 수 있어요.

Q 你有没有纸巾?   휴지 있어요?
  Nǐ yǒu méiyǒu zhǐjīn?

A 有。/ 没有。  있어요. / 없어요.
  Yǒu. / Méiyǒu.

## 표현 2

# 장소 + 有 / 没有 존재

장소에 있다 / 장소에 없다

有의 또 다른 쓰임새로 주어가 장소일 때 '~에 있다'라는 존재의 의미를 나타냅니다. 목적어로는 주로 불특정한 사람이나 사물이 오며, 이때 목적어는 [숫자+양사(단위)+명사]로 말합니다.

**track 088**

- 这儿有一个人。
  Zhèr yǒu yí ge rén.
  쩔   여우 이 거 런
  
  여기에 사람 한 명이 있어요.

- 那儿有两只小猫。
  Nàr yǒu liǎng zhī xiǎomāo.
  날   여우 량   즈 샤오마오
  
  거기에 고양이 두 마리가 있어요.

- 附近有一家便利店。
  Fùjìn yǒu yì jiā biànlìdiàn.
  푸진  여우 이 지아 삐엔리띠엔
  
  근처에 편의점 하나가 있어요.

- 包里有一本书。
  Bāoli yǒu yì běn shū.
  빠오리 여우 이 번  슈
  
  가방 안에 책 한 권이 있어요.

### 장소를 나타내는 지시대명사

这儿(= 这里) 이곳, 여기
zhèr(= zhèli)

那儿(= 那里) 그곳, 거기
nàr(= nàli)

### 숫자 2가 양사 앞에 오면, 二이 아닌 两 liǎng을 써요.

### Words

一个人 yí ge rén 한 사람, 한 명
小猫 xiǎomāo 명 고양이
附近 fùjìn 명 부근, 근처
便利店 biànlìdiàn 명 편의점
包 bāo 명 가방
里 li 명 안

---

### 표현 plus+

**양사**
수량을 세는 단위

중국어에는 양사 표현이 매우 중요해요. 습관적으로 명사 앞에 양사를 붙여서 [숫자+양사+명사]의 어순으로 말해요.

| 个 gè | 명/개 | 사람/사물을 셀 때 | 家 jiā | 곳 | 가게, 점포를 셀 때 |
| 只 zhī | 마리 | 동물을 셀 때 | 本 běn | 권 | 책을 셀 때 |

Unit 7  **93**

## 대화 한 컷

track 089

❶ 你有兄弟姐妹吗?
Nǐ yǒu xiōngdì jiěmèi ma?
니 여우 시옹띠 지에메이 마

没有, 我是独生子。
Méiyǒu, wǒ shì dúshēngzǐ.
메이여우 워 스 두셩즈

我有一个哥哥, 还有一只小狗。
Wǒ yǒu yí ge gēge, hái yǒu yì zhī xiǎogǒu.
워 여우 이 거 꺼거 하이 여우 이 즈 샤오거우

它非常可爱。
Tā fēicháng kě'ài.
타 페이창 커아이

是吗? 我家里有两只小猫, 它们很挑剔。
Shì ma? Wǒ jiāli yǒu liǎng zhī xiǎomāo, tāmen hěn tiāoti.
스 마 워 지아리 여우 량 즈 샤오마오 타먼 헌 탸오티

- 너는 형제자매가 있어?
- 없어. 나는 외동이야.
- 나는 오빠 한 명이 있고, 강아지 한 마리도 있어. 아주 귀여워!
- 그래? 우리 집에는 고양이가 두 마리가 있어. 그 애들은 꽤 까다로워.

## 대화 한 컷

### 단어 tip

track 090

- 兄弟姐妹 xiōngdì jiěmèi 명 형제자매
- 独生子 dúshēngzǐ 명 외동아들
  + 独生女 dúshēngnǚ 외동딸
- 哥哥 gēge 명 오빠, 형
- 还 hái 부 또, 더

- 非常 fēicháng 부 매우, 몹시
- 可爱 kě'ài 형 귀엽다
- 家 jiā 명 집
- 挑剔 tiāoti 형 까다롭다, 가리는 것이 많다

### 표현 tip

track 091

**1** 가족 수(식구)를 물어보는 표현

가족 구성원의 수를 물어볼 때에는 양사 口 kǒu를 사용합니다.

- 你家有几口人?   식구가 몇 명이에요? / 가족이 몇 명이에요?
  Nǐ jiā yǒu jǐ kǒu rén?

- 我家有三口人。   우리 집은 세 식구에요.
  Wǒ jiā yǒu sān kǒu rén.

**Words**
口 kǒu 양 식구나 동물을 세는 단위

|  |  |  |  |
|---|---|---|---|
| 爷爷 yéye<br>할아버지 | 奶奶 nǎinai<br>할머니 | 爸爸 bàba<br>아빠 | 妈妈 māma<br>엄마 |
|  |  |  |  |
| 哥哥 gēge<br>오빠/형 | 姐姐 jiějie<br>언니/누나 | 弟弟 dìdi<br>남동생 | 妹妹 mèimei<br>여동생 |
|  |  |  |  |
| 儿子 érzi<br>아들 | 女儿 nǚ'ér<br>딸 | 丈夫 zhàngfu<br>남편 | 妻子 qīzi<br>아내 |

Unit 7  95

## 문제 풀어 보기

**1.** 들려주는 단어의 한어병음을 적어 보세요.  (track 092)

❶ _____  ❷ _____

❸ _____  ❹ _____

❺ _____  ❻ _____

**2.** 들려주는 대화 내용과 일치하는 사진을 고르세요.  (track 093)

❶ a.    b.

❷ a.    b.

❸ a.    b.

## 문제 풀어 보기

**3.** 보기에서 알맞은 양사를 골라 빈칸을 채워 보세요.

| 보기 |
|---|
| 本　　只　　个　　家 |

❶ 你有几_____妹妹?

❷ 我有两_____书。

❸ 那儿有五_____小狗。

❹ 附近有一_____便利店。

**4.** 다음 빈칸을 채우면서 써 보고 소리 내어 읽어 보세요.

❶ 우리 집은 세 식구예요.

　　我家_____。

　　Wǒ jiā _____ .

❷ 여기에 휴지 있어요, 없어요?

　　这儿_____纸巾?

　　Zhèr _____ zhǐjīn?

❸ 저는 언니 한 명이 있고, 또 고양이 두 마리도 있어요.

　　我有一个姐姐，还有_____。

　　Wǒ yǒu yí ge jiějie, hái yǒu _____ .

## 표현 넓히기

● 방 안의 양사 알아보기!

track 094

一顶帽子
yì dǐng màozi
꼭대기가 있는 사물

一件衣服
yí jiàn yīfu
옷, 일 등

一台平板电脑
yì tái píngbǎn diànnǎo
전자기기

一张桌子
yì zhāng zhuōzi
표면이 평평한 사물

一支笔
yì zhī bǐ
가늘고 긴 사물

一杯牛奶
yì bēi niúnǎi
잔

一条裤子
yì tiáo kùzi
가늘고 긴 느낌의 물건

一瓶啤酒
yì píng píjiǔ
병

一双袜子
yì shuāng wàzi
대칭을 이루는 쌍으로 된 사물

一只小狗
yì zhī xiǎogǒu
동물

## 표현 넓히기

● 가방 안의 사물 표현 말해 보기!

track 095

Q. 包里有什么? 가방 안에 무엇이 있나요?
Bāoli yǒu shénme?

A. 包里有一本书。 가방 안에 책 한 권이 있어요.
Bāoli yǒu yì běn shū.

两支唇膏
liǎng zhī chúngāo
립밤 두 개

两个护手霜
liǎng ge hùshǒushuāng
핸드크림 두 개

一瓶香水
yì píng xiāngshuǐ
향수 한 병

一个随行杯
yí ge suíxíngbēi
텀블러 하나

三个口罩
sān ge kǒuzhào
마스크 세 개

一个钱包
yí ge qiánbāo
지갑 하나

一个化妆包
yí ge huàzhuāngbāo
화장품 파우치 한 개

一台笔记本电脑
yì tái bǐjìběn diànnǎo
노트북 한 대

Unit 7

# Unit 8

## 당신은 어디에 있어요?
## 你在哪儿?
### Nǐ zài nǎr?

**대화 미리 보기** 이런 대화 중국어로 어떻게 말할까요?

어디예요?

집에 있어요.

집에서 뭐 해요?

집에서 쉬어요.

MP3 ▶ 　　강의 영상 ▶

##  표현 미리 보기  중국어로 이렇게 말해요.

track 096

**표현 1**  '~에 있다'를 말할 때의 동사 在

저는 집에 있어요.

我 在 家。
Wǒ zài jiā.
워 짜이 지아

在 zài 동 ~에 있다

---

**표현 2**  '~에서'라는 위치나 장소 앞에 붙는 전치사 在

저는 집에서 쉬어요.

我 在 家 休息。
Wǒ zài jiā xiūxi.
워 짜이 지아 시우시

在 zài 전 ~에서

## 표현 익히기

**표현 1**

# 在 + 장소
~에 있다

동사 在 zài는 '~에 있다'라는 위치를 나타내는 표현입니다. 사람이나 사물이 어떤 장소에 존재한다는 뜻이며, 在 뒤에는 항상 장소 명사가 와야 합니다. 부정형은 不를 在 앞에 붙입니다.

**긍정** 我在家。 나는 집에 있어.
**부정** 我不在家。 나는 집에 있지 않아.

> track 097

- 他在公司。 그는 회사에 있어요.
  Tā zài gōngsī.
  타　짜이 꽁쓰

- 卫生间在二楼。 화장실은 2층에 있어요.
  Wèishēngjiān zài èr lóu.
  웨이성지엔　　짜이 얼 러우

- 手机在桌子上边。 휴대폰은 책상 위에 있어요.
  Shǒujī zài zhuōzi shàngbian.
  셔우지　짜이 쭈어즈 쌍비엔

- 书店在学校对面。 서점은 학교 맞은편에 있어요.
  Shūdiàn zài xuéxiào duìmiàn.
  슈띠엔　짜이 쉬에쌰오 뚜(에)이미엔

★ 边 biān은 위치나 방향을 나타내는 명사 뒤에 붙여 쓰여 대부분 경성으로 읽으며, 旁 앞에서는 1성으로 읽습니다.

**Words**
公司 gōngsī 명 회사
卫生间 wèishēngjiān 명 화장실
楼 lóu 양 층
桌子 zhuōzi 명 책상
书店 shūdiàn 명 서점

**표현 plus+**

**방위사**
방향과 위치를
나타내는 명사

| 里边 lǐbian 안쪽 | 外边 wàibian 바깥쪽 |
| 左边 zuǒbian 왼쪽 | 右边 yòubian 오른쪽 |
| 上边 shàngbian 위쪽 | 下边 xiàbian 아래쪽 |
| 前边 qiánbian 앞쪽 | 后边 hòubian 뒤쪽 |
| 旁边 pángbiān 옆쪽 | 对面 duìmiàn 맞은편, 반대편 |

## 표현 2

# 在 + 장소 + 동사
~에서 ~하다

在는 동사의 쓰임새 외에 '~에서'라는 전치사로도 쓰입니다. '在+장소' 뒤에 동사가 오면 '~에서 (동사)을/를 하다'라고 해석되며, 여기서 在는 동사가 아닌 전치사 在입니다.

track 098

- 我在家休息。 저는 집에서 쉬어요.
  Wǒ zài jiā xiūxi.
  워 짜이 지아 시우시

- 我在图书馆学习。 저는 도서관에서 공부해요.
  Wǒ zài túshūguǎn xuéxí.
  워 짜이 투슈관 쉬에시

- 她在医院工作。 그녀는 병원에서 일해요.
  Tā zài yīyuàn gōngzuò.
  타 짜이 이위엔 꽁쭈어

- 他们在超市买苹果。 그들은 슈퍼에서 사과를 사요.
  Tāmen zài chāoshì mǎi píngguǒ.
  타먼 짜이 차오스 마이 핑구어

**Words**
图书馆 túshūguǎn 명 도서관
学习 xuéxí 동·명 공부(하다)
医院 yīyuàn 명 병원
工作 gōngzuò 동·명 일(하다)
超市 chāoshì 명 슈퍼
苹果 píngguǒ 명 사과
住 zhù 동 살다
哪儿 nǎr 대 어디(= 哪里 nǎlǐ)
首尔 Shǒu'ěr 지명 서울

### 표현 plus+

你住在哪儿?
Nǐ zhù zài nǎr?
당신은 어디에서 살아요?

거주지를 물을 때 你在哪儿住?라고 말해도 되지만, 장소를 특별히 강조하는 상황이 아니라면 주로 你住在哪儿?로 묻습니다.
- 我住在首尔。 저는 서울에 살아요.
  Wǒ zhù zài Shǒu'ěr.

## 대화 한 컷

track 099

❶喂, 你在哪儿?
Wéi, nǐ zài nǎr?
웨이 니 짜이 날

我在学校附近。❷你有什么事吗?
Wǒ zài xuéxiào fùjìn. Nǐ yǒu shénme shì ma?
워 짜이 쉬에쌰오 푸진 니 여우 션머 스 마

我有一个好消息, 你有空吗?
Wǒ yǒu yí ge hǎo xiāoxi, nǐ yǒu kòng ma?
워 여우 이 거 하오 샤오시 니 여우 콩 마

有, 在哪儿见?
Yǒu, zài nǎr jiàn?
여우 짜이 날 찌엔

学校对面有一家咖啡厅,
Xuéxiào duìmiàn yǒu yì jiā kāfēitīng,
쉬에쌰오 뚜(에)이미엔 여우 이 지아 카페이팅

我们在那儿见吧。
wǒmen zài nàr jiàn ba.
워먼 짜이 날 찌엔 바

- 여보세요, 너 어디야?
- 나 학교 근처야. 너 무슨 일 있어?
- 나 좋은 소식이 하나 있어. 잠깐 시간 있어?
- 있어, 어디에서 만날까?
- 학교 맞은편에 커피숍 하나가 있어. 우리 거기에서 만나자.

## 대화 한 컷

### 단어 tip

track 100

- 喂 wéi  [감탄] 여보세요(전화 받을 때)
- 消息 xiāoxi  [명] 소식
- 空 kòng  [명] (잠깐의) 시간, 틈, 여유
- 咖啡厅 kāfēitīng  [명] 커피숍

### 표현 tip

track 101

**1 喂**

전화를 받을 때에는 부드럽게 2성(wéi)으로 발음하여 '여보세요'라고 말하지만, 누군가를 부를 때에는 4성(wèi)으로 발음하여 '저기요'라는 뜻으로 사용합니다.

**2 你有什么事吗?**

일반적으로 의문대명사가 있으면 문장 끝에 吗를 함께 쓰지 않지만, 예외적인 경우가 있습니다. 대표적으로 有什么……吗? 구문은 '무슨 ~이(라도) 있나요?'라는 표현입니다. 什么가 특정하지 않은 '무언가'를 의미할 때 자주 사용합니다.

- 你有什么事?   당신 무슨 일이에요?
  Nǐ yǒu shénme shì?

- 你有什么事吗?   당신 무슨 일(이라도) 있어요?
  Nǐ yǒu shénme shì ma?

## 문제 풀어 보기

**1.** 들려주는 단어의 한어병음을 적어 보세요.  (track 102)

① _____  ② _____

③ _____  ④ _____

⑤ _____  ⑥ _____

**2.** 들려주는 대화 내용과 일치하는 사진을 고르세요.  (track 103)

① a. 　b.

② a. 　b.

③ a. 　b.

## 문제 풀어 보기

**3.** 有와 在 중 빈칸에 들어갈 알맞은 단어를 써 보세요.

① 我＿＿＿＿家休息。

② 卫生间＿＿＿＿二楼。

③ 包里＿＿＿＿一本书。

④ 我＿＿＿＿学校附近。

⑤ 附近＿＿＿＿一家便利店。

**4.** 다음 빈칸을 채우면서 써 보고 소리 내어 읽어 보세요.

① 어디 살아요?

你 ＿＿＿ 哪儿?

Nǐ ＿＿＿ nǎr?

② 당신 무슨 일 있어요?

你有 ＿＿＿＿＿ 吗?

Nǐ yǒu ＿＿＿＿＿ ma?

③ 휴대폰은 책상 위에 있어요.

手机 ＿＿＿ 桌子 ＿＿＿。

Shǒujī ＿＿＿ zhuōzi ＿＿＿.

- 우리 마을에 있는 장소 알아보기!

track 104

邮局
yóujú
우체국

美发店
měifàdiàn
미용실

面包店
miànbāodiàn
제과점

银行
yínháng
은행

药店 약국
yàodiàn

饭馆儿
fànguǎnr
식당

酒店
jiǔdiàn
호텔

## 표현 넓히기

● 장소에 어울리는 활동 표현 연결하고 말해 보기!

track 105

Q. 你在哪儿做什么? 당신은 어디에서 뭐 하고 있어요?
Nǐ zài nǎr zuò shénme?

A. 我在图书馆看书。 저는 도서관에서 책을 봐요.
Wǒ zài túshūguǎn kàn shū.

**Words**
做 zuò 동 하다

厨房 주방
chúfáng

打工 아르바이트를 하다
dǎgōng

百货商店 백화점
bǎihuò shāngdiàn

散步 산책하다
sànbù

公园 공원
gōngyuán

做菜 요리하다
zuò cài

电影院 영화관
diànyǐngyuàn

买礼物 선물을 사다
mǎi lǐwù

Unit 8 109

# Unit 9

## 저는 친구를 만나러 가요.
## 我去见朋友。
Wǒ qù jiàn péngyou.

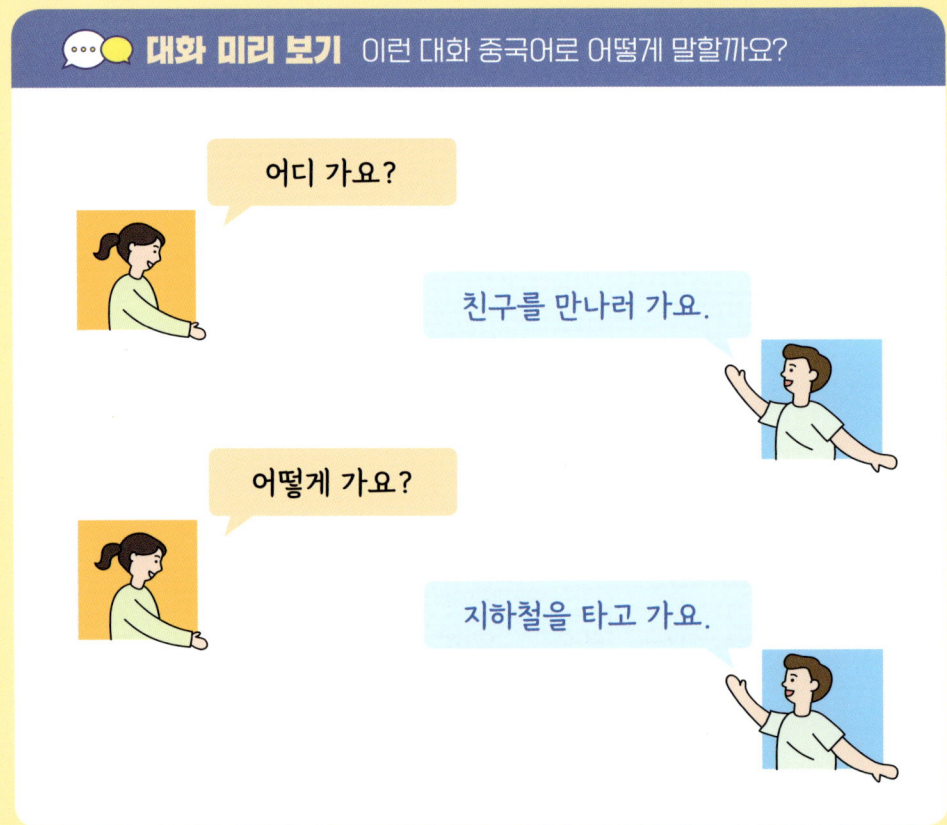

**대화 미리 보기** 이런 대화 중국어로 어떻게 말할까요?

- 어디 가요?
- 친구를 만나러 가요.
- 어떻게 가요?
- 지하철을 타고 가요.

MP3 ▶ 　　강의 영상 ▶

## 표현 미리 보기 　중국어로 이렇게 말해요.

track 106

**표현 1** '~을(를) 하러 가다' —— [去＋목적]

저는 친구를 만나러 가요.

我 去 见朋友。
Wǒ qù jiàn péngyou.
워 취 찌엔 펑여우

去 qù 통 가다

**표현 2** '~을 타고 가다' —— [坐＋교통수단＋去]

저는 지하철을 타고 가요.

我 坐 地铁 去。
Wǒ zuò dìtiě qù.
워 쭈어 띠티에 취

坐 zuò 통 타다 | 地铁 dìtiě 명 지하철

## 표현 익히기

### 표현 1

# 去 + 목적
~하러 가다

동사 去 뒤에 바로 장소가 오면 '~에 가다'라는 뜻이지만, 去 뒤에 동사 또는 '장소+동사+목적어'가 오면 '~에 ~하러 가다'라는 목적을 나타내는 표현이 됩니다.

track 107

- 我去洗手。
  Wǒ qù xǐshǒu.
  워 취 시셔우
  
  저는 손을 씻으러 가요.

- 我去接朋友。
  Wǒ qù jiē péngyou.
  워 취 지에 펑여우
  
  저는 친구를 마중하러 가요.

- 我去健身房健身。 去+장소+목적
  Wǒ qù jiànshēnfáng jiànshēn.
  워 취 찌엔션팡 찌엔션
  
  저는 헬스장에 운동하러 가요.

- 我去便利店买方便面。 去+장소+목적
  Wǒ qù biànlìdiàn mǎi fāngbiànmiàn.
  워 취 삐엔리디엔 마이 팡삐엔미엔
  
  저는 편의점에 라면을 사러 가요.

**Words**
洗手 xǐshǒu 동 손을 씻다
接 jiē 동 마중하다
健身房 jiànshēnfáng 명 헬스장
健身 jiànshēn 동 건강하게 하다
方便面 fāngbiànmiàn 명 라면
商店 shāngdiàn 명 상점
东西 dōngxi 명 물건

### 표현 plus+

| 去 문형 | |
|---|---|
| | **[去+장소(명사)]**<br>• 他去商店。 그는 상점에 가요.<br>　Tā qù shāngdiàn. |
| | **[去+목적(동사/동사구)]**<br>• 他去买东西。 그는 물건을 사러 가요.<br>　Tā qù mǎi dōngxi. |
| | **[去+장소+목적(동사/동사구)]**<br>• 他去商店买东西。 그는 물건을 사러 상점에 가요. (그는 상점에 가서 물건을 사요.)<br>　Tā qù shāngdiàn mǎi dōngxi. |

## 표현 익히기

### 표현 2

# 坐 + 교통수단 + 去
### ~을 타고 가다

동사 坐는 뒤에 교통수단을 붙여서 '~을 타다'라는 뜻을 나타내는데, 교통수단 뒤에 바로 去(+장소)를 덧붙이면 '~을 타고 (~에) 가다'라는 뜻이 됩니다.

track 108

- 他坐公交车去。 그는 버스를 타고 가요.
  Tā zuò gōngjiāochē qù.
  타 쭈어 꽁쟈오쳐  취

- 他坐火车去。 그는 기차를 타고 가요.
  Tā zuò huǒchē qù.
  타 쭈어 후어쳐  취

- 他坐出租车去机场。 坐+교통수단+去+장소
  Tā zuò chūzūchē qù jīchǎng.
  타 쭈어 추주쳐  취 지창
  그는 택시를 타고 공항에 가요.

- 他坐飞机去中国。 坐+교통수단+去+장소
  Tā zuò fēijī qù Zhōngguó.
  타 쭈어 페이지 취 쭝구어
  그는 비행기를 타고 중국에 가요.

**Words**
公交车 gōngjiāochē 몡 버스
火车 huǒchē 몡 기차
出租车 chūzūchē 몡 택시
机场 jīchǎng 몡 공항
飞机 fēijī 몡 비행기
中国 Zhōngguó 지명 중국
自行车 zìxíngchē 몡 자전거
摩托车 mótuōchē 몡 오토바이

### 표현 plus+

**坐, 骑**
zuò, qí
타다

지하철, 버스, 비행기, 기차 등 앉아서 올라 타는 교통수단은 坐를, 자전거, 오토바이, 말 등 다리를 벌려서 올라 타는 교통수단은 骑를 써요.

- 骑自行车去 자전거를 타고 가다
  qí zìxíngchē qù

- 骑摩托车去 오토바이를 타고 가다
  qí mótuōchē qù

## 대화 한 컷

track 109

❶ 你去哪儿?
Nǐ qù nǎr?
니 취 날

我去逛商场。 你呢?
Wǒ qù guàng shāngchǎng. Nǐ ne?
워 취 꽝 샹창 니 너

我去见朋友, 你❷怎么去商场?
Wǒ qù jiàn péngyou, nǐ zěnme qù shāngchǎng?
워 취 찌엔 펑여우 니 전머 취 샹창

❸打车去。 顺路吗? 我们一起走吧。
Dǎchē qù. Shùnlù ma? Wǒmen yìqǐ zǒu ba.
다쳐 취 슌루 마 워먼 이치 저우 바

不顺路, 我坐地铁去。
Bú shùnlù, wǒ zuò dìtiě qù.
부 슌루 워 쭈어 띠티에 취

- 너 어디 가?
- 나는 쇼핑몰을 둘러보러 가. 너는?
- 나는 친구를 만나러 가. 쇼핑몰에는 어떻게 갈 거야?
- 택시 타고 가려고. 같은 방향이야? 우리 같이 가자.
- 같은 방향이 아니야. 나는 지하철을 타고 가.

## 대화 한 컷

### 단어 tip

- 逛 guàng 통 놀러 다니다, 둘러보다
- 商场 shāngchǎng 명 쇼핑몰, 상가
- 怎么 zěnme 대 어떻게, 어째서, 왜
- 打车 dǎchē 통 택시를 타다
- 顺路 shùnlù 부 가는 길에, 오는 길에
- 一起 yìqǐ 부 같이, 함께
- 走 zǒu 통 가다, 걷다

### 표현 tip

**❶ 你去哪儿?**

아는 사람을 만났을 때 **你好**라는 인사 대신 쓸 수 있는 표현이기도 해요.

**❷ 怎么去**

**怎么**는 '어떻게'라는 뜻으로 수단이나 방식을 물어볼 때 사용하는 의문대명사입니다.

- 怎么去?   어떻게 가요?    ▶ 가는 방법·교통수단을 물을 때
  Zěnme qù?

- 怎么走?   어떻게 가요?    ▶ 가는 길·방향을 물을 때
  Zěnme zǒu?

- 怎么吃?   어떻게 먹어요?   ▶ 먹는 방법을 물을 때
  Zěnme chī?

- 怎么卖?   어떻게 팔아요?   ▶ 가격을 물을 때(무게당 얼마인지)
  Zěnme mài?

**Words**
卖 mài 통 팔다

**❸ 打车去**

**坐出租车** '택시를 타다'라는 표현도 있지만, 회화에서는 **打车**를 더 자주 씁니다.

## 문제 풀어 보기

**1.** 들려주는 단어의 한어병음을 적어 보세요.  (track 112)

❶ _____   ❷ _____

❸ _____   ❹ _____

❺ _____   ❻ _____

**2.** 들려주는 대화 내용과 일치하는 사진을 고르세요.  (track 113)

❶ a.    b.

❷ a.    b.

❸ a.    b.

## 문제 풀어 보기

**3.** 동작이 자연스럽게 이어지도록 연결해 보세요.

❶ 去朋友家 •　　　　　　• a. 健身

❷ 去健身房 •　　　　　　• b. 买东西

❸ 去商场 •　　　　　　• c. 去机场

❹ 坐飞机 •　　　　　　• d. 去中国

❺ 坐出租车 •　　　　　　• e. 看电影

**4.** 다음 빈칸을 채우면서 써 보고 소리 내어 읽어 보세요.

❶ 당신은 공항에 어떻게 가요?

你 _____ 机场?

Nǐ _____ jīchǎng?

❷ 그녀는 자전거를 타고 학교에 가요.

她 _____ 去学校。

Tā _____ qù xuéxiào.

❸ 저는 편의점에 라면을 사러 가요.

Wǒ _____ biànlìdiàn _____.

## 표현 넓히기

- 중국 교통수단 알아보기!

track 114

118

## 표현 넓히기

● 장소에 가는 목적 표현 말해 보기!

Q. 你去哪儿做什么? 당신은 어디에 가서 무엇을 해요?
Nǐ qù nǎr zuò shénme?

A. 我去书店买书。 저는 서점에 책을 사러 가요. (저는 서점에 가서 책을 사요.)
Wǒ qù shūdiàn mǎi shū.

健身房 헬스장
jiànshēnfáng

借书 책을 빌리다
jiè shū

图书馆 도서관
túshūguǎn

看病 진찰을 받다
kànbìng

超市 슈퍼
chāoshì

运动 운동을 하다
yùndòng

医院 병원
yīyuàn

买饼干 과자를 사다
mǎi bǐnggān

# Unit 10

## 당신은 뭐 하는 걸 좋아해요?
## 你喜欢做什么?
### Nǐ xǐhuan zuò shénme?

---

💬 **대화 미리 보기** 이런 대화 중국어로 어떻게 말할까요?

 뭐 하는 거 좋아해요?

저는 TV 보는 거 좋아해요.

 주말에 뭐 할 계획이에요?

저는 캠핑 갈 계획이에요.

MP3 ▶    강의 영상 ▶

### 표현 미리 보기 중국어로 이렇게 말해요.

track 116

**표현 1** 좋아하는 것을 말할 때 喜欢

저는 TV 보는 것을 **좋아해요**.

我 **喜欢** 看电视。
Wǒ xǐhuan kàn diànshì.
워  시환  칸 띠엔스

喜欢 xǐhuan 동 좋아하다 | 电视 diànshì 명 텔레비전, TV

**표현 2** 계획과 일정을 말할 때 打算

저는 캠핑 갈 **계획이에요**.

我 **打算** 去露营。
Wǒ dǎsuàn qù lùyíng.
워  다쑤안  취 루잉

打算 dǎsuàn 동 계획하다 명 계획, 일정 | 露营 lùyíng 동 캠핑하다, 야영하다

## 표현 익히기

**표현 1**

# 喜欢 + 동사 (+ 목적어)
~하는 것을 좋아하다

喜欢은 '좋아하다'라는 뜻의 심리를 나타내는 동사입니다. 뒤에 대상 목적어가 쓰여 '~을 좋아하다'라고 하기도 하고, 구체적인 동작과 함께 '~하는 것을 좋아하다'라고 쓰이기도 합니다.

track 117

- 我喜欢吃面条。
  Wǒ xǐhuan chī miàntiáo.
  워 시환 츠 미엔탸오
  
  저는 국수 먹는 것을 좋아해요.

- 我喜欢喝茶。
  Wǒ xǐhuan hē chá.
  워 시환 허 차
  
  저는 차 마시는 것을 좋아해요.

- 我喜欢看电视。
  Wǒ xǐhuan kàn diànshì.
  워 시환 칸 띠엔스
  
  저는 TV 보는 것을 좋아해요.

- 她喜欢唱歌。
  Tā xǐhuan chànggē.
  타 시환 창꺼
  
  그녀는 노래 부르는 것을 좋아해요.

**Words**

面条 miàntiáo 명 국수
茶 chá 명 차
唱歌 chànggē 동 노래를 부르다

---

**표현 plus+**

讨厌
tǎoyàn
싫어하다

'좋아하다'의 반대 표현으로 不喜欢을 사용해도 되지만, '싫어하다'의 동사 讨厌을 사용할 수 있어요. 어떤 대상을 싫어한다거나 '~하는 것을 싫어한다'고 말할 때에도 쓸 수 있어요.

- 我讨厌看书。  저는 책 읽는 것을 싫어해요.
  Wǒ tǎoyàn kàn shū.

## 표현 익히기

**표현 2**

# 打算 + 동사 (+ 목적어)
~할 계획이다

打算은 '~할 계획이다'라는 의미로 동사(구) 앞에서 계획이나 일정을 말할 때 자주 사용합니다.

track 118

- 我打算去留学。
  Wǒ dǎsuàn qù liúxué.
  워  다쑤안   취 리(어)우쉬에

  저는 유학 갈 계획이에요.

- 他打算来韩国。
  Tā dǎsuàn lái Hánguó.
  타  다쑤안   라이 한구어

  그는 한국에 올 계획이에요.

- 我打算参加比赛。
  Wǒ dǎsuàn cānjiā bǐsài.
  워  다쑤안   찬지아 비싸이

  저는 시합에 참가할 계획이에요.

- 我打算学习汉语。
  Wǒ dǎsuàn xuéxí Hànyǔ.
  워  다쑤안   쉬에시 한위

  저는 중국어를 공부할 계획이에요.

**Words**
留学 liúxué 동 유학하다
来 lái 동 오다
韩国 Hánguó 지명 한국
参加 cānjiā 동 참여하다
比赛 bǐsài 명 시합
欧洲 Ōuzhōu 지명 유럽

**표현 plus+**

旅行
lǚxíng
여행, 여행하다

여행의 목적지를 함께 말할 때는, '가다' 去와 '여행' 旅行 사이에 장소를 추가하면 됩니다.

- 去中国旅行  중국 여행을 가다
  qù Zhōngguó lǚxíng

- 去欧洲旅行  유럽 여행을 가다
  qù Ōuzhōu lǚxíng

Unit 10

## 대화 한 컷

周末你打算做什么?
Zhōumò nǐ dǎsuàn zuò shénme?
쩌우모　　니 다쑤안　　쭈어 션머

我打算去露营。 你有什么❶打算?
Wǒ dǎsuàn qù lùyíng. Nǐ yǒu shénme dǎsuàn?
워 다쑤안　취 루잉　　니 여우 션머　　다쑤안

我打算❷做运动。
Wǒ dǎsuàn zuò yùndòng.
워　다쑤안　쭈어 윈똥

你平时喜欢做什么运动?
Nǐ píngshí xǐhuan zuò shénme yùndòng?
니 핑스　시환　쭈어 션머　윈똥

我很喜欢❸打高尔夫球。
Wǒ hěn xǐhuan dǎ gāo'ěrfūqiú.
워 헌 시환　다 까오얼푸치(어)우

- 주말에 너는 뭐 할 계획이야?
- 나는 캠핑 갈 계획이야.
  너는 무슨 계획이 있어?
- 나는 운동할 계획이야.
- 너는 평소에 무슨 운동을 즐겨해?
- 나는 골프 치는 걸 아주 좋아해.

## 대화 한 컷

### 단어 tip

- **周末** zhōumò 〔명〕 주말
- **做** zuò 〔동〕 하다, 만들다
- **运动** yùndòng 〔동〕〔명〕 운동(하다)

- **平时** píngshí 〔명〕 평소, 평상시
- **打** dǎ 〔동〕 때리다, 치다
- **高尔夫球** gāo'ěrfūqiú 〔명〕 골프, 골프공

### 표현 tip

**❶ 打算**

이 문장에서 **打算**은 '계획', '일정'이라는 명사로도 쓰였습니다.

**❷ 做**

동사 **做**는 '하다'라는 뜻으로 '운동을 하다'의 (做)**运动**, '숙제를 하다'의 **做作业** zuò zuòyè, '요리를 하다'의 **做饭** zuòfàn 등을 표현할 때 사용합니다.
하지만 '공부를 하다'의 **学习**, '여행을 하다'의 **旅游** lǚyóu, '복습을 하다'의 **复习** fùxí 등은 별도의 동사 표현이 필요 없으므로 '하다'라는 표현에 무조건 **做**를 사용하지 않습니다.

**❸ 打**

동사 **打**는 '치다', '때리다'라는 의미가 있어서 구기 종목 중에서도 손으로 타격하는 운동을 한다고 말할 때 씁니다.

## 문제 풀어 보기

**1.** 들려주는 단어의 한어병음을 적어 보세요.  (track 121)

❶ _____   ❷ _____

❸ _____   ❹ _____

❺ _____   ❻ _____

**2.** 들려주는 대화 내용과 일치하는 사진을 고르세요.  (track 122)

❶ a.    b.

❷ a.    b.

❸ a.    b.

## 문제 풀어 보기

**3.** 보기에서 단어를 골라 빈칸을 채워 보세요.

| 보기 |
| --- |
| 做　　打算　　运动　　学习 |

❶ 你平时喜欢_____什么?

❷ 我打算_____汉语。

❸ 我_____去中国旅行。

❹ 我不喜欢做_____。

**4.** 다음 빈칸을 채우면서 써 보고 소리 내어 읽어 보세요.

❶ 당신은 무슨 계획이 있나요?

你有_____?

Nǐ yǒu _____ ?

❷ 그녀는 중국 여행을 갈 계획이에요.

她打算_____中国_____。

Tā dǎsuàn _____ Zhōngguó _____ .

❸ 주말에 저는 시합에 참가할 계획이에요.

周末我打算_____。

Zhōumò wǒ dǎsuàn _____ .

## 표현 넓히기

● 다양한 취미 활동 알아보기!

爬山 páshān
등산하다

画画儿 huà huàr
그림을 그리다

摄影 shèyǐng
(사진·영상 등을) 촬영하다

养植物 yǎng zhíwù
식물을 기르다

做瑜伽 zuò yújiā
요가를 하다

做毛线活(儿) zuò máoxiàn huó(r)
뜨개질을 하다

## 표현 넓히기

- 좋아하는 운동 표현 말해 보기!

track 124

Q. 你喜欢什么运动? 당신은 어떤 운동을 좋아해요?
Nǐ xǐhuan shénme yùndòng?

A. 我喜欢打高尔夫球。 저는 골프 치는 것을 좋아해요.
Wǒ xǐhuan dǎ gāo'ěrfū qiú.

踢足球
tī zúqiú
축구를 하다

打篮球
dǎ lánqiú
농구를 하다

打棒球
dǎ bàngqiú
야구를 하다

打网球
dǎ wǎngqiú
테니스를 치다

打排球
dǎ páiqiú
배구를 하다

打羽毛球
dǎ yǔmáoqiú
배드민턴을 치다

打保龄球
dǎ bǎolíngqiú
볼링을 치다

打乒乓球
dǎ pīngpāngqiú
탁구를 치다

滑雪
huáxuě
스키를 타다

滑冰
huábīng
스케이트를 타다

游泳
yóuyǒng
수영을 하다

跑马拉松
pǎo mǎlāsōng
마라톤을 뛰다

Unit 10  129

짝짝짝! 여기까지 오신 학습자 여러분, 정말 멋집니다!

챕터 01, 02에서 우리는 중국어가 어떤 언어인지 감을 잡고,

일상에서 자주 사용하는 기본 동사 표현까지 지나왔어요.

이제 챕터 03에서는 중국어의 대표적인 조동사와 가장 많이 쓰는 전치사 구문을 배웁니다.

여러분의 중국어 표현이 한층 더 풍부해질 거예요.

# study plan

| | | |
|---|---|---|
| **Unit 11** | 저는 여행 가고 싶어요. | 🍃 바람·소망을 말할 때 조동사 想<br>🍃 누군가와 함께일 때 전치사 跟 |
| **Unit 12** | 저는 다이어트할 거예요. | 🍃 의지나 계획을 말할 때 조동사 要<br>🍃 출발점(시작점)을 표현하는 从……开始 |
| **Unit 13** | 당신은 춤을 출 줄 알아요? | 🍃 학습·경험을 통해 할 줄 알 때 조동사 会<br>🍃 누구에게 무엇을 해줄 때 전치사 给 |
| **Unit 14** | 저를 데려다 줄 수 있나요? | 🍃 상황·조건이 가능함을 표현하는 조동사 能<br>🍃 기준점에서 떨어진 거리를 표현하는 전치사 离 |
| **Unit 15** | 제가 입어 봐도 될까요? | 🍃 '허락'과 '가능'의 조동사 可以<br>🍃 두 가지 특징을 말할 때 又A又B |

# Unit 11

## 저는 여행 가고 싶어요.
## 我想去旅游。
Wǒ xiǎng qù lǚyóu.

---

**💬 대화 미리 보기** 이런 대화 중국어로 어떻게 말할까요?

 저 여행 가고 싶어요.

당장 같이 가요!

 정말요?

당신한테 농담하는 거예요.

MP3 ▶    강의 영상 ▶

## 표현 미리 보기 중국어로 이렇게 말해요.

track 125

**표현 1** 바람·소망을 말할 때 '~하고 싶다' 조동사 想

저는 여행 가고 싶어요.

我 想 去旅游。
Wǒ xiǎng qù lǚyóu.
워 샹 취 뤼여우

想 xiǎng [조동] ~하고 싶다 | 旅游 lǚyóu [동] 여행하다

**표현 2** 누군가와 함께일 때 '~와(과)' 전치사 跟

저는 당신한테 농담하는 거예요.

我 跟 你 开玩笑。
Wǒ gēn nǐ kāi wánxiào.
워 껀 니 카이 완쌰오

跟 gēn [전] ~와(과) | 开玩笑 kāi wánxiào 농담하다

## 표현 익히기

**표현 1**

# 想
~하고 싶다

조동사는 동사 앞에 쓰여 동사를 돕는 역할을 하며, 주로 '소망', '능력', '허가' 등의 의미를 나타냅니다. 조동사 想 xiǎng은 '~하고 싶다'라는 뜻으로 바람, 희망을 나타내고, 부정형은 不想으로 말합니다.

긍정   我想去旅游。 나는 여행 가고 싶어.
부정   我不想去旅游。 나는 여행 가고 싶지 않아.

track 126

- 我想去旅游。
  Wǒ xiǎng qù lǚyóu.
  워 샹 취 뤼여우

  저는 여행 가고 싶어요.

- 我想谈恋爱。
  Wǒ xiǎng tán liàn'ài.
  워 샹 탄 리엔아이

  저는 연애하고 싶어요.

- 我不想开玩笑。
  Wǒ bù xiǎng kāi wánxiào.
  워 뿌 샹 카이 완쌰오

  저는 농담하고 싶지 않아요.

- 我不想说话。
  Wǒ bù xiǎng shuōhuà.
  워 뿌 샹 슈어화

  저는 말하고 싶지 않아요.

**Words**
谈恋爱 tán liàn'ài 연애하다
说话 shuōhuà 통 말하다

**표현 plus+**

想
xiǎng
보고 싶다

想은 '그리워하다', '생각하다'라는 뜻의 동사로도 쓰여요. 想 뒤에 그립고 보고 싶은 대상이 옵니다.
- 我想妈妈。 나는 엄마가 보고 싶어요.
  Wǒ xiǎng māma.

## 표현 2

# 跟
~와(과)

전치사 跟 gēn은 명사 앞에서 '~와(과)'라는 뜻으로, 주어가 어떤 대상과 동작을 함께한다는 의미를 나타냅니다. '~와 ~하지 않는다'라는 뜻의 부정형은 동사 앞이 아닌 跟 앞에 不를 붙여서 [不跟+대상]으로 말합니다.

긍정 我跟你开玩笑。 내가 너한테 농담한 거야.
부정 我不跟你开玩笑。 나는 너랑 농담 안 해.

track 127

- 我跟朋友去旅游。 저는 친구와 여행을 가요.
  Wǒ gēn péngyou qù lǚyóu.
  워 껀 펑여우 취 뤼여우

- 我跟她谈恋爱。 저는 그녀와 연애해요.
  Wǒ gēn tā tán liàn'ài.
  워 껀 타 탄 리엔아이

- 我不跟你开玩笑。 저는 당신과 농담 안 해요.
  Wǒ bù gēn nǐ kāi wánxiào.
  워 뿌 껀 니 카이 완쌰오

- 我不跟你说话。 저는 당신과 말 안 해요.
  Wǒ bù gēn nǐ shuōhuà.
  워 뿌 껀 니 슈어화

**Words**
说 shuō 통 말하다

### 표현 plus+

我跟你说……
wǒ gēn nǐ shuō……
잘 들어봐, ……

我跟你说는 직역하면 '내가 너한테 말하다'라는 뜻인데요. 대화 중에 상대방에게 자신의 말을 집중시킬 때 '잘 들어봐', '있잖아' 등의 의미로 자주 쓰여요.

## 대화 한 컷

track 128

放假①的时候，你想做什么？
Fàngjià de shíhou, nǐ xiǎng zuò shénme?
팡찌아  더 스허우   니 샹  쭈어 션머

我想②跟朋友一起去旅游。
Wǒ xiǎng gēn péngyou yìqǐ qù lǚyóu.
워 샹  껀 펑여우  이치 취 뤼여우

我不想去旅游，我只想宅在家。
Wǒ bù xiǎng qù lǚyóu, wǒ zhǐ xiǎng zhái zài jiā.
워 뿌 샹  취 뤼여우  워 즈 샹  쟈이 짜이 지아

你③为什么不想去旅游？
Nǐ wèishénme bù xiǎng qù lǚyóu?
니 웨이션머  뿌 샹  취 뤼여우

③因为旅游很累。
Yīnwèi lǚyóu hěn lèi.
인웨이  뤼여우 헌  레이

- 연휴(방학) 때, 뭐 하고 싶어?
- 나는 친구랑 같이 여행 가고 싶어.
- 나는 여행 가고 싶지 않아, 그냥 집콕하고 싶어.
- 너는 왜 여행을 안 가고 싶어?
- 왜냐하면 여행은 피곤하니까.

## 대화 한 컷

### 단어 tip

track 129

- 放假 fàngjià 통 휴가로 쉬다, 방학하다
- ……的时候 ……de shíhou ~할 때
- 只 zhǐ 부 오직, 단지, 겨우
- 宅在家 zhái zài jiā 집에 틀어박혀 있다
- 为什么 wèishénme 대 왜, 어째서
- 因为 yīnwèi 접 왜냐하면, ~때문에
- 累 lèi 형 피곤하다

### 표현 tip

track 130

#### ❶ ……的时候

……的时候는 '~할 때'라는 뜻으로, 특정 시점이나 앞으로 일어날 일을 말할 때 사용합니다. 우리말과 동일하게 술어 뒤에 바로 붙여서 사용합니다.

- 休息的时候，你一般做什么?
  Xiūxi de shíhou, nǐ yìbān zuò shénme?
  쉴 때, 당신은 보통 무엇을 하나요?

- 看电影的时候，我不吃爆米花。
  Kàn diànyǐng de shíhou, wǒ bù chī bàomǐhuā.
  영화를 볼 때, 저는 팝콘을 안 먹어요.

**Words**
一般 yìbān 형 보통이다, 일반적이다
爆米花 bàomǐhuā 명 팝콘

#### ❷ A跟(和)B一起

A跟B一起는 'A(주어)는 B(대상)와 같이'라는 뜻으로, 跟 대신 같은 의미의 和 hé를 쓸 수 있습니다.

#### ❸ 为什么와 因为

为什么는 '왜'라는 뜻으로 이유를 직접적으로 물을 때 쓰는 의문대명사이며, 因为는 '왜냐하면'이라는 뜻으로 이유를 설명할 때 쓰는 접속사입니다.

- 你为什么不跟他们一起去?
  Nǐ wèishénme bù gēn tāmen yìqǐ qù?
  당신은 왜 그들과 같이 안 가나요?

- 因为我今天有急事。
  Yīnwèi wǒ jīntiān yǒu jíshì.
  왜냐하면 저는 오늘 급한 일이 있어서요.

**Words**
急事 jíshì 명 급한 일

## 문제 풀어 보기

**1.** 들려주는 단어의 한어병음을 적어 보세요.  (track 131)

① _____   ② _____

③ _____   ④ _____

⑤ _____   ⑥ _____

**2.** 들려주는 대화 내용과 일치하는 사진을 고르세요.  (track 132)

① a.    b.

② a.    b.

③ a.    b.

## 문제 풀어 보기

**3.** 말풍선에 있는 단어들을 조합하여 그림에 맞게 질문에 답해 보세요.

**4.** 다음 빈칸을 채우면서 써 보고 소리 내어 읽어 보세요.

❶ 저는 당신과 농담하고 싶지 않아요.

我 _____ 跟你 _____ 。

Wǒ _____ gēn nǐ _____ .

❷ 당신은 왜 여행을 안 가고 싶어요?

你 _____ 不想去旅行?

Nǐ _____ bù xiǎng qù lǚxíng?

❸ 쉴 때, 저는 보통 영화를 봐요.

休息 _____ , 我一般看电影。

Xiūxi _____ , wǒ yìbān kàn diànyǐng.

## 표현 넓히기

● 중국 여행지 알아보기!

track 133

### 전통 유적지

**长城**
Chángchéng
만리장성

**兵马俑**
Bīngmǎyǒng
병마용

**故宫**
Gùgōng
고궁

**颐和园**
Yíhéyuán
이화원

**龙门石窟**
Lóngmén shíkū
용문 석굴

**拙政园**
Zhuōzhèngyuán
졸정원

### 관광지

**外滩**
Wàitān
외탄(와이탄)

**张家界**
Zhāngjiājiè
장가계

**丽江古城**
Lìjiāng gǔchéng
여강(리장) 고성

**桂林**
Guìlín
계림

## 표현 넓히기

● 친구와 할 수 있는 활동 표현 말해 보기!

track 134

我想跟朋友一起去旅游。  나는 친구와 여행 가고 싶어요.
Wǒ xiǎng gēn péngyou yìqǐ qù lǚyóu.

聊天儿 수다를 떨다
liáotiānr

去郊游 야외 피크닉을 가다
qù jiāoyóu

玩儿桌上游戏 보드게임을 하다
wánr zhuōshang yóuxì

去攀岩 암벽타기를 하다
qù pānyán

学插花 꽃꽂이를 배우다
xué chāhuā

做普拉提 필라테스를 하다
zuò pǔlātí

# Unit 12

## 저는 다이어트할 거예요.
## 我要减肥。
Wǒ yào jiǎnféi.

---

💬 **대화 미리 보기**  이런 대화 중국어로 어떻게 말할까요?

저는 야식을 먹을 거예요.

다이어트하지 않아요?

다이어트는 내일부터 시작해요.

그럼 치킨!

MP3 ▶  강의 영상 ▶

## 표현 미리 보기 중국어로 이렇게 말해요.

track 135

**표현 1** 주어의 의지나 계획을 말할 때 조동사 要

저는 야식을 먹을 거예요.

我 要 吃夜宵。
Wǒ yào chī yèxiāo.
워 야오 츠 예샤오

要 yào [조동] ~하려고 하다, ~해야 한다 | 夜宵 yèxiāo [명] 야식

**표현 2** 출발점(시작점)을 표현하는 从……开始

저는 내일부터 다이어트 시작해요.

我 从 明天 开始 减肥。
Wǒ cóng míngtiān kāishǐ jiǎnféi.
워 총 밍티엔 카이스 지엔페이

从 cóng [전] ~부터 | 减肥 jiǎnféi [동] 살을 빼다, 다이어트하다

## 표현 익히기

### 표현 1

# 要
~하려고 하다 / ~해야 한다

조동사 要 yào는 '~하려고 하다'라는 뜻으로 화자의 의지나 계획을 나타낼 때 주로 사용합니다. 부정형은 '~하고 싶지 않다'라는 不想 bù xiǎng을 씁니다.

긍정 **我要吃夜宵。** 나는 야식을 먹을 거야.
부정 **我不想吃夜宵。** 나는 야식을 먹고 싶지 않아.

track 136

● **我要点菜。** 저는 음식을 주문하려고 해요.
Wǒ yào diǎn cài.
워 야오 디엔 차이

● **他要去出差。** 그는 출장을 가야 해요.
Tā yào qù chūchāi.
타 야오 취 츄차이

● **他要买房子。** 그는 집을 사려고 해요.
Tā yào mǎi fángzi.
타 야오 마이 팡즈

● **她要搬家。** 그녀는 이사하려고 해요.
Tā yào bānjiā.
타 야오 빤지아

> 点은 동사로 '주문하다'라는 뜻이 있어요. 음식점에서 '주문할게요'라고 말할 때 자주 써요.
>
> 家는 가족들이 함께 사는 공간 또는 가정(home)을 뜻하며, 房子는 주거용 건축물(house)을 의미해요.

### Words
点 diǎn 통 주문하다
菜 cài 명 요리
出差 chūchāi 통 출장하다
房子 fángzi 명 집
搬家 bānjiā 통 이사하다

---

### 표현 plus+

**不要**
bú yào
~하지 마라

不要 뒤에 동사가 오면 '~하지 마라'는 금지나 '싫다', '원하지 않다'라는 뜻의 강한 어감을 나타내기 때문에 要의 부정형이 될 수 없어요.

• **上课的时候，你不要睡觉。** 수업할 때, 자면 안 돼요.
　Shàngkè de shíhou, nǐ bú yào shuìjiào.

• **我不要。** 나는 싫어요. / 나는 원하지 않아요.
　Wǒ bú yào.

## 표현 2

# 从……开始
~부터 시작하다

从 cóng은 '~에서(부터)'라는 의미의 전치사로 시간, 장소 등의 출발점을 나타낼 때 씁니다. 从……开始는 '~부터 시작하다'라는 뜻으로 자주 사용하는 문형입니다.

track 137

- 减肥从明天开始。 다이어트는 내일부터 시작해요.
  Jiǎnféi cóng míngtiān kāishǐ.
  지엔페이 총 밍티엔 카이스

- 会议从两点开始。 회의는 두 시부터 시작해요.
  Huìyì cóng liǎng diǎn kāishǐ.
  후(에)이이 총 량 디엔 카이스

- 他从今天开始找工作。
  Tā cóng jīntiān kāishǐ zhǎo gōngzuò.
  타 총 찐티엔 카이스 자오 꽁쭈어
  그는 오늘부터 일을 찾기 시작해요.

- 她从下星期开始休假。
  Tā cóng xià xīngqī kāishǐ xiūjià.
  타 총 씨아 싱치 카이스 시우찌아
  그녀는 다음 주부터 휴가 시작이에요.

> ★ 开始 뒤에 동작을 쓸 수도 있어요.
> 
> 我从明天开始减肥。
> Wǒ cóng míngtiān kāishǐ jiǎnféi.
> 나 내일부터 다이어트 시작해!

### Words

会议 huìyì 명 회의
找 zhǎo 동 찾다
休假 xiūjià 동 휴가를 보내다[내다]
英国 Yīngguó 지명 영국

## 표현 plus+

**从A到B**
cóng A dào B
A부터 B까지

从A到B는 'A부터 B까지'라는 뜻으로 시간, 장소 등의 범위를 나타낼 때 써요.

- 她从一月到五月都在英国。
  Tā cóng yī yuè dào wǔ yuè dōu zài Yīngguó.
  그녀는 1월부터 5월까지 영국에 있어요.

## 대화 한 컷

track 138

你要不要吃夜宵？我要❶叫外卖。
Nǐ yào bu yào chī yèxiāo? Wǒ yào jiào wàimài.
니 야오 부 야오 츠 예샤오   워 야오 쟈오 와이마이

我不想吃，我要减肥。
Wǒ bù xiǎng chī, wǒ yào jiǎnféi.
워 뿌 샹 츠 워 야오 지엔페이

你不想吃炸鸡吗？
Nǐ bù xiǎng chī zhájī ma?
니 뿌 샹 츠 쟈지 마

炸鸡？我也要吃！
Zhájī? Wǒ yě yào chī!
쟈지   워 예 야오 츠

❷从明天开始，我❸一定要减肥！
Cóng míngtiān kāishǐ, wǒ yídìng yào jiǎnféi!
총 밍티엔 카이스 워 이띵 야오 지엔페이

- 너 야식 먹을 거야? 나는 배달 음식을 시킬 거야.
- 나는 안 먹고 싶어, 다이어트해야 돼.
- 너 치킨 안 먹고 싶어?
- 치킨? 나도 먹을래!
  내일부터 나는 꼭 다이어트 시작할 거야!

## 대화 한 컷

### 단어 tip

track 139

- 叫 jiào 동 (음식을) 시키다, 주문하다
- 外卖 wàimài 명 배달 음식
- 炸鸡 zhájī 명 치킨
- 一定 yídìng 부 반드시, 꼭

### 표현 tip

**❶ 叫外卖**

外는 '밖', 卖는 '팔다'라는 뜻으로 外卖는 배달 음식을 의미합니다. 즉, 중국에서 '배달 음식을 시키다'라는 표현은 **叫外卖** jiào wàimài 또는 **点外卖** diǎn wàimài라고 말합니다. 반대로 음식을 배송하는 입장에서 '배달하다'라고 할 때는 동사 '보내다'를 써서 **送外卖** sòng wàimài라고 말합니다.

**❷ 从……开始**

从……开始는 주어 뒤에 위치하기도 하고, 문장 맨 앞에 와서 시점을 강조하기도 합니다.

**❸ 一定**

부사 一定은 '꼭', '반드시'라는 뜻으로 要와 자주 함께 쓰여 주어의 의지를 강조할 때 사용합니다.

## 문제 풀어 보기

**1.** 들려주는 단어의 한어병음을 적어 보세요.  (track 140)

① _____   ② _____

③ _____   ④ _____

⑤ _____   ⑥ _____

**2.** 들려주는 대화 내용과 일치하는 사진을 고르세요.  (track 141)

① a.    b.

② a.    b.

③ a.    b.

## 문제 풀어 보기

**3.** 말풍선에 있는 단어들을 조합하여 그림에 맞게 질문에 답해 보세요.

너 야식 먹을 거야?

减肥　　从
　　开始
我　　今天

**4.** 다음 빈칸을 채우면서 써 보고 소리 내어 읽어 보세요.

❶ 저는 배달 음식을 시키려고 해요.

我要 _____ 。

Wǒ yào _____ .

❷ 저는 반드시 집을 사야 해요.

我 _____ 买房子。

Wǒ _____ mǎi fángzi.

❸ 그는 내년부터 일을 찾기 시작해요.

他 _____ 明年 _____ 找工作。

Tā _____ míngnián _____ zhǎo gōngzuò.

## 표현 넓히기

● 배달에서 인기 있는 중국음식 알아보기!

track 142

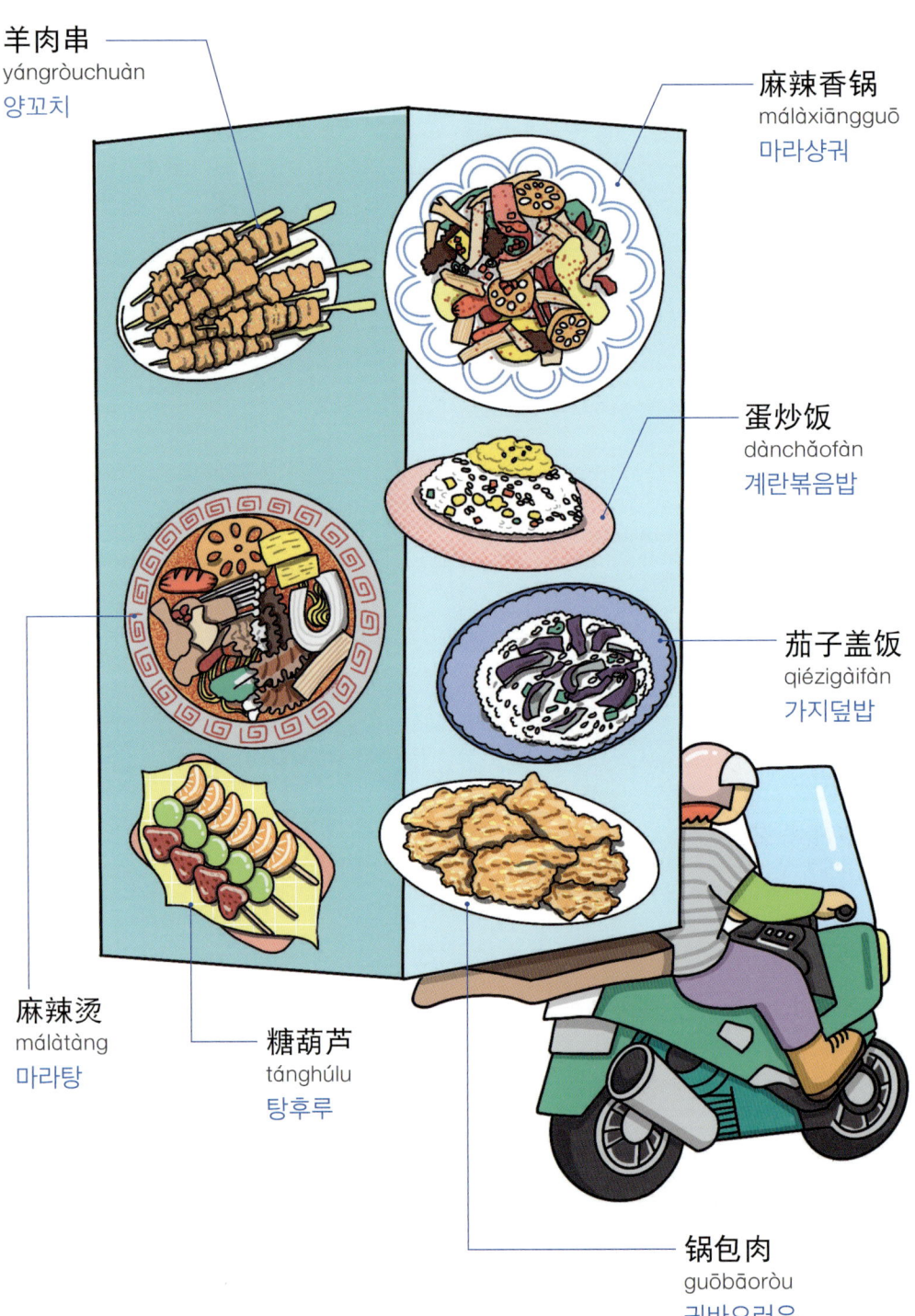

羊肉串
yángròuchuàn
양꼬치

麻辣香锅
málàxiāngguō
마라샹궈

蛋炒饭
dànchǎofàn
계란볶음밥

茄子盖饭
qiézigàifàn
가지덮밥

麻辣烫
málàtàng
마라탕

糖葫芦
tánghúlu
탕후루

锅包肉
guōbāoròu
궈바오러우

## 표현 넓히기

● 계획하려는 활동 표현 말해 보기!

track 143

我一定要减肥。　나는 반드시 다이어트할 거예요.
Wǒ yídìng yào jiǎnféi.

回家 집으로 돌아가다
huíjiā

存钱 저축하다
cúnqián

参加考试 시험을 보다
cānjiā kǎoshì

学习毛线活(儿) 뜨개질을 배우다
xuéxí máoxiàn huó(r)

换工作 이직하다
huàn gōngzuò

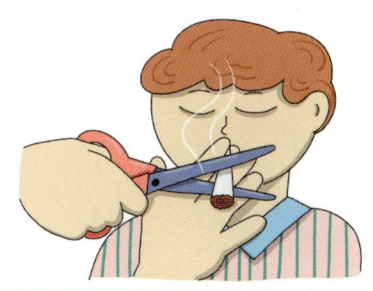

戒烟 금연하다
jièyān

# Unit 13

## 당신은 춤을 출 줄 알아요?
## 你会跳舞吗?
### Nǐ huì tiàowǔ ma?

**대화 미리 보기** 이런 대화 중국어로 어떻게 말할까요?

춤을 출 줄 알아요?

아니요. 당신은요?

저는 춤을 좀 춰요.
내가 당신에게 보여 줄게요.

와! 정말 잘 추네요!

MP3 ▶ 강의 영상 ▶

## 표현 미리 보기 중국어로 이렇게 말해요.

track 144

**표현 1** 학습·경험을 통해 '~할 수 있다'라고 말할 때 조동사 会

저는 춤을 출 줄 알아요.

我 会 跳舞。
Wǒ huì tiàowǔ.
워 후(에)이 탸오우

会 huì [조동] ~할 줄 알다 | 跳舞 tiàowǔ [동] 춤을 추다

**표현 2** 누구에게 무엇을 해줄 때 '~에게' 전치사 给

제가 당신에게 보여 줄게요.

我 给 你 看。
Wǒ gěi nǐ kàn.
워 게이 니 칸

给 gěi [전] ~에게

## 표현 익히기

### 표현 1

# 会
~할 수 있다, ~할 줄 알다

조동사 会는 '~할 수 있다'는 뜻으로, 경험이나 학습을 통해 배워서 익힌 능력을 말할 때 사용합니다. 부정형은 不会 bú huì로 '~할 줄 모른다'라는 뜻을 나타내요.

긍정 　我 会 跳舞。　나는 춤을 출 줄 알아.
부정 　我 不会 跳舞。　나는 춤을 출 줄 몰라.

track 145

- 我 会 开车。
  Wǒ huì kāichē.
  워　후(에)이 카이쳐
  
  저는 운전을 할 수 있어요.

- 我 会 说汉语。
  Wǒ huì shuō Hànyǔ.
  워　후(에)이 슈어 한위
  
  저는 중국어를 말할 수 있어요.

- 我 不会 读汉字。
  Wǒ bú huì dú Hànzì.
  워　부　후(에)이 한쯔
  
  저는 한자를 읽을 줄 몰라요.

- 她 不会 游泳。
  Tā bú huì yóuyǒng.
  타　부　후(에)이 여우용
  
  그녀는 수영을 할 줄 몰라요.

**Words**
开车 kāichē 동 운전하다
读 dú 동 읽다
汉字 Hànzì 명 한자
游泳 yóuyǒng 동 수영하다

### 표현 plus+

**不太会**
bú tài huì
잘하지 못한다

할 줄은 아는데, 잘 못한다고 말하고 싶을 때에는 会 앞에 不太를 써서 '그다지 잘하지 못한다'라고 표현할 수 있어요.

- 我 不太会 说汉语。　저는 중국어를 그다지 잘하지 못해요.
  Wǒ bú tài huì shuō Hànyǔ.

## 표현 익히기

### 표현 2

# 给
~에게

전치사 给 gěi는 '~에게'라는 뜻으로 给 뒤에 주로 받는 대상이 오며, 그 대상에게 해 주는 동작을 바로 이어서 말합니다. 부정형은 不给 bù gěi로 '~에게 ~하지 않다'라는 뜻을 나타냅니다.

**긍정** 我给你看。 내가 너에게 보여 줄게.
**부정** 我不给你看。 나는 너한테 안 보여 줄거야.

track 146

- 我给你买。
  Wǒ gěi nǐ mǎi.
  워 게이 니 마이
  제가 당신에게 사 줄게요.

- 我给你打电话。
  Wǒ gěi nǐ dǎ diànhuà.
  워 게이 니 다 띠엔화
  제가 당신에게 전화할게요.

- 她不给我发短信。
  Tā bù gěi wǒ fā duǎnxìn.
  타 뿌 게이 워 파 두완씬
  그녀는 나에게 문자를 보내지 않아요.

- 他不给我介绍对象。
  Tā bù gěi wǒ jièshào duìxiàng.
  타 뿌 게이 워 찌에쌰오 뚜(에)이쌍
  그는 나에게 소개팅을 해 주지 않아요.

**Words**
打电话 dǎ diànhuà 전화를 걸다
发 fā 통 보내다
短信 duǎnxìn 명 문자
介绍 jièshào 통 소개하다
对象 duìxiàng 명 (연애 또는 결혼의) 대상
瓶 píng 양 병
矿泉水 kuàngquánshuǐ 명 광천수

### 표현 plus+

**给** gěi 주다

给는 동사로 '주다'라는 뜻이 있어요. 이때 [给+대상+사물] 형식으로 목적어 두 개를 나란히 쓸 수 있어요.

- 请给我一瓶矿泉水。 저에게 생수 한 병을 주세요.
  Qǐng gěi wǒ yì píng kuàngquánshuǐ.

Unit 13

## 대화 한 컷

你会跳舞吗?
Nǐ huì tiàowǔ ma?
니 후(에)이 탸오우 마

我是舞盲，不会跳。你会跳吗?
Wǒ shì wǔmáng, bú huì tiào. Nǐ huì tiào ma?
워 스 우망　　부 후(에)이 탸오　니 후(에)이 탸오 마

当然会，❶这个舞最近特别火。
Dāngrán huì, zhè ge wǔ zuìjìn tèbié huǒ.
땅란　　후(에)이 쩌 거 우　쭈(에)이찐 터비에 후어

我给你跳吧。
Wǒ gěi nǐ tiào ba.
워　게이 니 탸오 바

哇! 你❷很会跳啊! 我❸给你点赞。
Wā! Nǐ hěn huì tiào a! Wǒ gěi nǐ diǎnzàn.
와　니 헌 후(에)이 탸오 아　워 게이 니 디엔짠

- 너는 춤을 출 줄 알아?
- 나 몸치야. 출 줄 몰라. 너는 출 줄 알아?
- 당연히 할 줄 알지. 이 춤은 최근 엄청 인기 있어. 내가 춰 줄게.
- 와! 너 정말 잘 춘다! 내가 너에게 '좋아요'를 눌러 줄게.

## 대화 한 컷

### 단어 tip

track 148

- 舞盲 wǔmáng  몸치
- 跳 tiào  동 뛰다, 도약하다
- 当然 dāngrán  부 당연히, 물론
- 舞 wǔ  명 춤
- 特别 tèbié  부 특별히, 아주
- 火 huǒ  형 번창하다, 흥성하다
- 哇 wā  감탄 와(감탄사)
- 啊 a  조 감탄의 어기조사
- 点赞 diǎnzàn  (SNS상에서) '좋아요'를 누르다

### 표현 tip

track 149

**① 这个舞**

중국어는 지시사 뒤에 바로 명사를 쓰지 않고, 양사를 붙여서 [지시사+양사+명사] 형식으로 씁니다.

- 我想买这本书。　나는 이 책을 사고 싶어요.
  Wǒ xiǎng mǎi zhè běn shū.

- 我想买这书。(×)
  Wǒ xiǎng mǎi zhè shū.

**② 很会**

会 앞에 很 hěn '매우'나 真 zhēn '진짜' 같은 정도부사를 붙이면 기교 있게 매우 잘한다는 의미가 됩니다.

- 他很会说。　그는 말을 잘해요. (말솜씨)
  Tā hěn huì shuō.

- 你真会写啊!　당신 진짜 잘 쓰네요! (글재주)
  Nǐ zhēn huì xiě a!

**③ 给你点赞**

点赞 diǎnzàn은 원래 SNS상에서 공감(좋아요) 버튼을 누른다는 표현이지만 실생활에서도 누군가에게 칭찬하거나, 추켜세워 줄 때 엄지를 척 올려 주며 '대단해', '칭찬해', '짱' 등의 느낌으로 자주 사용합니다.

## 문제 풀어 보기

**1.** 들려주는 단어의 한어병음을 적어 보세요. （track 150）

① _____  ② _____

③ _____  ④ _____

⑤ _____  ⑥ _____

**2.** 들려주는 대화 내용과 일치하는 사진을 고르세요. （track 151）

① a.   b.

② a.   b.

③ a.   b.

## 문제 풀어 보기

**3.** 말풍선에 있는 단어들을 조합하여 그림에 맞게 질문에 답해 보세요.

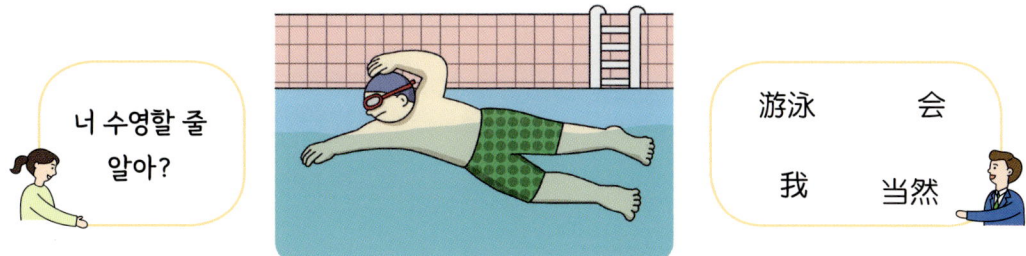

**4.** 다음 빈칸을 채우면서 써 보고 소리 내어 읽어 보세요.

❶ 그녀가 나에게 문자를 보내요.

她 ____ 我 ____ 短信。

Tā ____ wǒ ____ duǎnxìn.

❷ 저는 중국어를 그다지 잘하지 못해요.

❸ 이 춤은 최근 엄청 인기 있어요.

Unit 13  **159**

## 표현 넓히기

● SNS에서 쓰이는 감정 표현 알아보기!

track 152

| 伤心 상심하다 shāngxīn | 生气 화나다 shēngqì | 无聊 지루하다 wúliáo |
| --- | --- | --- |
| 开心 즐겁다 kāixīn | 吃惊 놀라다 chījīng | 难过 괴롭다 nánguò |
| 舒服 편안하다 shūfu | 害羞 부끄럽다 hàixiū | |

#emoticon #motion

## 표현 넓히기

● 배워서 할 수 있는 활동 말해 보기!

track 153

Q. 你会跳舞吗? 당신은 춤을 출 줄 알아요?
Nǐ huì tiàowǔ ma?

A. 我会跳舞。 나는 춤을 출 줄 알아요.
Wǒ huì tiàowǔ.

弹吉他 기타를 치다
tán jítā

浮潜 스노클링하다
fúqián

编程 코딩하다
biānchéng

剪视频 영상편집하다
jiǎn shìpín

骑电动滑板车
qí diàndòng huábǎnchē
전동 킥보드를 타다

做比萨饼
zuò bǐsàbǐng
피자를 만들다

Unit 13 **161**

# Unit 14

## 저를 데려다 줄 수 있나요?
### 你能送我吗?
Nǐ néng sòng wǒ ma?

**대화 미리 보기** 이런 대화 중국어로 어떻게 말할까요?

저를 데려다 줄 수 있어요?

미안해요. 일이 있어요.

공항은 여기에서 가까워요?

공항은 여기에서 멀어요.

MP3 ▶   강의 영상 ▶

## 표현 미리 보기 중국어로 이렇게 말해요.

track 154

**표현 1** 상황·조건의 가능을 표현하는 '~할 수 있다' 조동사 能

저를 데려다 줄 수 있어요?

你 能 送我 吗?
Nǐ néng sòng wǒ ma?
니 넝 쏭 워 마

能 néng [조동] ~할 수 있다 | 送 sòng [동] 데려다 주다

**표현 2** 기준점에서 떨어진 거리를 표현하는 A离B远/近

공항은 여기에서 멀어요.

机场 离 这儿 很远。
Jīchǎng lí zhèr hěn yuǎn.
지창 리 쩔 헌 위엔

离 lí [전] ~에서 | 远 yuǎn [형] 멀다

## 표현 익히기

**표현 1**

# 能
~할 수 있다

能 néng은 능력이나 상황, 조건 등이 가능하여 '~할 수 있다'라는 뜻을 나타내는 조동사입니다. 어떤 상황이나 조건 때문에 '~할 수 없다'라고 표현할 때는 부정형 不能 bù néng을 씁니다.

긍정 我能送你。 나는 너를 데려다 줄 수 있어.
부정 我不能送你。 나는 너를 데려다 줄 수 없어.

track 155

- 我能吃辣的。 저는 매운 것을 먹을 수 있어요.
  Wǒ néng chī là de.
  워 넝  츠 라 더

- 我能理解你。 저는 당신을 이해할 수 있어요.
  Wǒ néng lǐjiě nǐ.
  워 넝  리지에 니

- 她现在能接电话。 그녀는 지금 전화를 받을 수 있어요.
  Tā xiànzài néng jiē diànhuà.
  타 씨엔짜이 넝  지에 띠엔화

- 周末我不能喝酒。 주말에 나는 술을 마실 수 없어요.
  Zhōumò wǒ bù néng hē jiǔ.
  쪄우모 워 뿌 넝 허 지(어)우

**Words**
辣 là 형 맵다
的 de 조 명사화함
理解 lǐjiě 동 이해하다
接 jiē 동 (전화를) 받다
酒 jiǔ 명 술

**표현 plus+**

会 vs 能
huì    néng
~할 수 있다

조동사 会와 能은 모두 '~할 수 있다'는 뜻이지만 会는 학습을 통해 얻은 후천적 능력을 나타낼 때, 能은 조건과 상황상 가능할 때 사용해요.

- 我会开车。  저는 운전할 줄 알아요. (배워서 가능)
  Wǒ huì kāichē.

- 我能开车。  저는 운전할 수 있어요. (상황적으로 가능)
  Wǒ néng kāichē.

## 표현 익히기

**표현 2**

# A 离 B 远/近
A는 B에서 멀다/가깝다

离 lí는 뒤에 장소나 시간을 나타내는 명사가 쓰여서 공간적, 시간적 거리를 나타냅니다. 즉 A가 B에서 얼만큼 떨어져 있는지를 나타내는 장소가 기준이 되면 주로 '멀다', '가깝다'를 의미하는 远 yuǎn, 近 jìn이 술어로 쓰입니다.

track 156

- **我家离这儿很远。**
  Wǒ jiā lí zhèr hěn yuǎn.
  워 지아 리 쩔 헌 위엔
  
  우리 집은 여기에서 멀어요.

  ★ 远과 近은 형용사 술어이므로 앞에 정도부사 很을 습관적으로 붙여 말해요.

- **机场离车站不远。**
  Jīchǎng lí chēzhàn bù yuǎn.
  지창 리 쳐쨘 뿌 위엔
  
  공항은 정거장에서 멀지 않아요.

- **北京离天津很近。**
  Běijīng lí Tiānjīn hěn jìn.
  베이징 리 티엔진 헌 찐
  
  베이징은 톈진에서 가까워요.

- **美国离法国不近。**
  Měiguó lí Fǎguó bú jìn.
  메이구어 리 파구어 부 찐
  
  미국은 프랑스에서 가깝지 않아요.

**Words**
车站 chēzhàn 명 정거장
北京 Běijīng 지명 베이징
天津 Tiānjīn 지명 톈진
近 jìn 형 가깝다
美国 Měiguó 지명 미국
法国 Fǎguó 지명 프랑스
一点儿 yìdiǎnr 양 조금(확정되지 않은 적은 수량)

---

**표현 plus+**

**离我远一点儿!**
Lí wǒ yuǎn yìdiǎnr!
나한테서 좀 떨어져! / 저리 좀 가!

一点儿은 '조금'이라는 뜻의 수량사예요. 형용사 뒤에 와서 '지금보다 조금 더'라는 의미를 나타내요.
离我远一点儿은 나에게서 좀 멀리 떨어져 있으라는 의미로 '저리 좀 가'라는 표현이에요.

## 대화 한 컷

机场离这儿近不近?
Jīchǎng lí zhèr jìn bu jìn?
지창 리쩔 찐부찐

离这儿不太远, 你什么时候出发?
Lí zhèr bú tài yuǎn, nǐ shénme shíhou chūfā?
리 쩔 부 타이 위엔 니 션머 스허우 츄파

我两点出发。你能送我吗?
Wǒ liǎng diǎn chūfā. Nǐ néng sòng wǒ ma?
워 량 디엔 츄파 니 넝 쏭 워 마

不好意思, 我两点有安排, 不能送你。
Bùhǎoyìsi, wǒ liǎng diǎn yǒu ānpái, bù néng sòng nǐ.
뿌하오이쓰 워 량 디엔 여우 안파이 뿌 넝 쏭 니

好吧。 我自己去。
Hǎo ba. Wǒ zìjǐ qù.
하오 바 워 쯔지 취

- 공항이 여기에서 가까워?
- 여기에서 별로 안 멀어. 너 언제 출발해?
- 나는 2시에 출발해. 나를 데려다 줄 수 있어?
- 미안해. 나 2시에 일정이 있어서 못 데려다 줘.
- 알겠어. 내가 알아서 갈게.

## 대화 한 컷

### 단어 tip
track 158

- 什么时候 shénme shíhou 언제
- 出发 chūfā 통 출발하다
- 不好意思 bùhǎoyìsi 미안하다, 부끄럽다
- 安排 ānpái 통 안배하다, 배정하다
- 自己 zìjǐ 대 자기, 자신

### 표현 tip
track 159

**① 什么时候**

'언제'라는 뜻의 의문대명사로 대략적인 '시기'나 '때'를 물을 때 사용합니다.

**② 배웅하다 送**

送은 '데려다 주다', '배웅하다'라는 뜻으로 我送你라고 말하면 초대한 손님을 문 앞까지 배웅하거나 혹은 목적지까지 데려다 주는 것을 의미합니다. 대상 뒤에 [到+장소]를 붙여서 목적지를 함께 말할 수 있습니다.

送 + 대상 + 到 + 장소

- 我送你到地铁站。  제가 지하철역까지 데려다 줄게요.
  Wǒ sòng nǐ dào dìtiězhàn.

- 我能送你到机场。  제가 공항까지 데려다 줄 수 있어요.
  Wǒ néng sòng nǐ dào jīchǎng.

**Words**
到 dào 통 도착하다
地铁站 dìtiězhàn 명 지하철역

**③ 好吧**

好 뒤에 어기조사 吧를 붙이면, '그래', '알겠어요'라는 뜻으로, 好的나 감탄의 느낌이 들어간 好啊보다는 사무적이고 형식적 대답의 느낌을 줍니다. 보통 썩 내키진 않지만 어쩔 수 없는 상황에서 사용하는 대답입니다. 이처럼 같은 단어라도 끝에 어기조사를 다르게 사용하여 감정이나 뉘앙스를 표현할 수 있습니다.

**④ 스스로, 알아서, 혼자 自己**

주어 뒤에 오는 自己는 '스스로', '알아서'라는 의미를 나타냅니다.

## 문제 풀어 보기

**1.** 들려주는 단어의 한어병음을 적어 보세요.  (track 160)

① _____   ② _____

③ _____   ④ _____

⑤ _____   ⑥ _____

**2.** 들려주는 대화 내용과 일치하는 사진을 고르세요.  (track 161)

① a.    b.

② a.    b.

③ a.    b.

## 문제 풀어 보기

**3.** 말풍선에 있는 단어들을 조합하여 그림에 맞게 질문에 답해 보세요.

**4.** 다음 빈칸을 채우면서 써 보고 소리 내어 읽어 보세요.

① 주말에 저는 술을 마실 수 없어요.

周末我 _____ 。

Zhōumò wǒ _____ .

② 미국은 프랑스에서 가깝지 않아요.

美国 _____ 法国 _____ 。

Měiguó _____ Fǎguó _____ .

③ 당신은 언제 출발하나요?

你 _____ 出发?

Nǐ _____ chūfā?

## 표현 넓히기

● 중국 10대 도시 알아보기!

track 162

## 표현 넓히기

● 공항에서 자주 활용하는 표현 말해 보기!

track 163

Q. 请问，我能升级座位吗？ 실례지만, 좌석을 업그레이드할 수 있을까요?
Qǐngwèn, wǒ néng shēngjí zuòwèi ma?

A. 当然可以。 물론 가능해요. /
Dāngrán kěyǐ.

不好意思，不能。 죄송합니다만, 안 됩니다.
Bùhǎoyìsi, bù néng.

### Words

升级 shēngjí 동 업그레이드하다
座位 zuòwèi 명 좌석
可以 kěyǐ 조동 ~할 수 있다

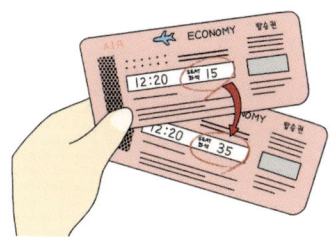

换座位 좌석을 바꾸다
huàn zuòwèi

坐靠窗的 창가 자리에 앉다
zuò kào chuāng de

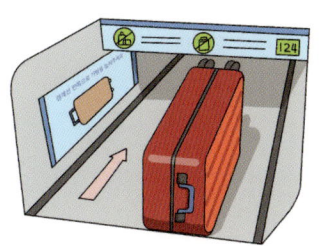

托运行李 짐을 부치다
tuōyùn xíngli

带充电宝 보조배터리를 가져가다
dài chōngdiànbǎo

用Wi-Fi 와이파이를 쓰다
yòng Wi-fi

办理登机手续 탑승 수속을 밟다
bànlǐ dēngjī shǒuxù

Unit 14

# Unit 15

## 제가 입어 봐도 될까요?
## 我可以试穿吗?
Wǒ kěyǐ shìchuān ma?

**대화 미리 보기** 이런 대화 중국어로 어떻게 말할까요?

- 입어 봐도 될까요?
- 물론이죠. 이 옷은 예쁘고 저렴해요.
- 얼마죠?
- 지금 30% 할인해요.

MP3 ▶  강의 영상 ▶

## 표현 미리 보기 중국어로 이렇게 말해요.
track 164

**표현 1** 허락과 가능의 '~해도 된다' 조동사 可以

제가 입어 봐도 **될까요**?

| 我 | 可以 | 试穿 | 吗? |
|---|---|---|---|
| Wǒ | kěyǐ | shìchuān | ma? |
| 워 | 커이 | 쓰촨 | 마 |

可以 kěyǐ [조동] ~할 수 있다 | 试穿 shìchuān [동] 입어 보다

**표현 2**  'A하기도 하고, B하기도 하다' 又A又B

옷이 예쁘고 저렴**해요**.

| 衣服 | 又 | 好看 | 又 | 便宜。 |
|---|---|---|---|---|
| Yīfu | yòu | hǎokàn | yòu | piányi. |
| 이푸 | 여우 | 하오칸 | 여우 | 피엔이 |

又 yòu [부] 또

## 표현 익히기

### 표현 1

# 可以
~해도 된다, ~할 수 있다

可以 kěyǐ는 '~해도 된다', '~할 수 있다'라는 뜻의 조동사로 허락과 가능을 나타내며, 긍정문과 의문문에서 能과 혼용하여 쓸 수 있습니다. 가능이나 능력상 '~할 수 없다'는 의미의 일반적인 부정형은 不能으로 쓰이며, 조건이나 허가상 '~하면 안 된다'는 강한 금지를 의미하는 부정형은 不可以를 사용합니다.

**긍정** 你可以试穿。 입어 봐도 돼. [가능·허락]
**부정** 你不可以试穿。 입어 볼 수 없어. [금지]

**track 165**

● 我可以用一下吗?
Wǒ kěyǐ yòng yíxià ma?
워 커이 용 이씨아 마

제가 좀 써도 될까요?

● 这儿可以停车吗?
Zhèr kěyǐ tíngchē ma?
쩔 커이 팅쳐 마

이곳에 주차해도 될까요?

● 这儿不可以拍照。
Zhèr bù kěyǐ pāizhào.
쩔 뿌 커이 파이짜오

여기는 사진 찍으면 안 돼요.

● 那儿不可以抽烟。
Nàr bù kěyǐ chōuyān.
날 뿌 커이 쳐우옌

그곳은 담배 피면 안 돼요.

※ 一下 yíxià는 '좀', '한 번', '잠시'라는 뜻이에요. 可以, 能을 사용하여 상대방에게 요청할 때 주로 동사 뒤에 一下를 붙여서 부드러운 어감으로 표현해요.

**Words**
用 yòng 동 사용하다
停车 tíngchē 동 주차하다
拍照 pāizhào 동 사진을 찍다
抽烟 chōuyān 동 담배를 피우다
帮 bāng 동 돕다

### 표현 plus+

**可以**
kěyǐ
가능하다

能을 사용한 질문에 可以로 대답하는 경우가 많아요. 可以는 대답할 때 단독으로도 자주 사용하는 표현이에요.

**Q** 你明天能帮我吗? 내일 저를 도와줄 수 있어요?
Nǐ míngtiān néng bāng wǒ ma?

**A** 可以，我能帮你。 네(가능해요), 제가 도와드릴 수 있어요.
Kěyǐ, wǒ néng bāng nǐ.

## 표현 익히기

**표현 2**

# 又A又B
### A하기도 하고, B하기도 하다

又A又B 구문은 'A하기도 하고, B하기도 하다'라는 뜻으로, 두 가지 동작이나 성질이 모두 존재함을 나타냅니다.

track 166

- 我又冷又饿。
  Wǒ yòu lěng yòu è.
  워 여우 렁 여우 어
  저는 춥기도 하고 배고프기도 해요.

- 我又高兴又紧张。
  Wǒ yòu gāoxìng yòu jǐnzhāng.
  워 여우 까오씽 여우 진장
  저는 기쁘기도 하고 긴장되기도 해요.

- 这道菜又甜又咸。
  Zhè dào cài yòu tián yòu xián.
  쩌 따오 차이 여우 티엔 여우 시엔
  이번 요리는 달기도 하고 짜기도 해요.

- 这个西瓜又大又好吃。
  Zhè ge xīguā yòu dà yòu hǎochī.
  쩌 거 시과 여우 따 여우 하오츠
  이 수박은 크기도 하고 맛도 좋아요.

**Words**

冷 lěng 형 춥다
饿 è 형 배고프다
高兴 gāoxìng 형 기쁘다
紧张 jǐnzhāng 형 긴장해 있다, 불안하다
道 dào 양 번(순서를 세는 단위)
甜 tián 형 달다
咸 xián 형 짜다
西瓜 xīguā 명 수박
大 dà 형 크다
好吃 hǎochī 형 맛있다
热 rè 형 덥다

**표현 plus+**

### 不A也不B
bù A yě bù B
A하지도 않고, B하지도 않다

'적당하다', '중간이다'라고 표현할 때 사용하며, 이때 A와 B자리에는 상반된 의미의 표현을 써야 해요.
- 秋天不冷也不热。 가을은 춥지도, 덥지도 않아요.
  Qiūtiān bù lěng yě bú rè.

## 대화 한 컷

❶ 请问一下, 这件衣服 ❷ 多少钱?
Qǐngwèn yíxià, zhè jiàn yīfu duōshao qián?
칭원  이씨아  쩌 찌엔 이푸 뚜어샤오  치엔

这件又好看又便宜。
Zhè jiàn yòu hǎokàn yòu piányi.
쩌 찌엔 여우 하오칸  여우 피엔이

现在 ❸ 打七折, ❹ 两百块钱。
Xiànzài dǎ qī zhé, liǎng bǎi kuài qián.
씨엔짜이  다 치 저   량  바이 콰이 치엔

我可以试穿吗?
Wǒ kěyǐ shìchuān ma?
워  커이  쓰촨    마

当然可以, 试衣间在那边。
Dāngrán kěyǐ, shìyījiān zài nàbiān.
땅란    커이   스이지엔  짜이 나비엔

- 저기요, 이 옷은 얼마인가요?
- 이 옷은 예쁘고 저렴하기도 해요.
  지금 30% 세일해서, 200위안입니다.
- 제가 입어 봐도 될까요?
- 물론이죠. 탈의실은 저쪽에 있어요.

## 대화 한 컷

### 단어 tip
track 168

- 请问 qǐngwèn 말씀 좀 묻겠습니다, 저기요
- 件 jiàn 양 벌(옷을 셀 때)
- 多少 duōshao 대 얼마, 얼마나
- 打折 dǎzhé 동 할인하다, 세일하다
- 百 bǎi 수 100, 백
- 块 kuài 양 위안[중국의 화폐단위]
- = 元 yuán 위안
- 试衣间 shìyījiān 명 탈의실
- 那边 nàbiān 대 그쪽, 저쪽

### 표현 tip
track 169

**❶ 请问一下**

'실례합니다', '말씀 좀 묻겠습니다', '저기요' 등의 의미로 낯선 상대에게 말을 걸 때 사용하는 예의바른 표현이에요. 동사 뒤에 一下를 붙이면 '좀 ~하다'라는 의미를 나타내어 한층 더 부드럽고 공손한 어감을 나타냅니다.

**❷ 가격을 묻는 표현 多少钱?**

'얼마예요?'라고 가격을 물을 때 쓰는 표현으로 물건의 명칭을 알지 못하여도, 손으로 사려는 것을 가리키며 지시사 这个를 사용하여 물어볼 수 있습니다. 같은 표현으로 怎么卖? Zěnme mài?가 있습니다.

**❸ 打七折**

打折는 '할인하다'라는 뜻이며, 주로 [打+숫자+折]의 형식으로 할인 비율을 표현합니다. 중국은 우리와 다르게 할인 받는 비율이 아닌, 가격에서 지불할 비율을 일의 자리 숫자로 표현합니다. 예를 들어 '30% 할인'은 원래 가격의 70%만큼 받는다고 해서 打七折라고 표현합니다.

- 打九折 10% 세일
  dǎ jiǔ zhé
- 打八五折 15% 세일
  dǎ bā wǔ zhé

**❹ 两百块(钱)**

중국의 화폐단위는 소수점 두 번째 자리까지 있는데, 정수로 쓰여진 액수 뒤에 块(钱) kuài (qián)을 붙입니다. '200'은 二百, 两百 모두 사용할 수 있습니다.

- 금액 읽어보기

| 10위안 | 100위안 | 101위안 | 110위안 | 111위안 |
|---|---|---|---|---|
| 十块(钱) shí kuài (qián) | 一百块(钱) yì bǎi kuài (qián) | 一百零一块(钱) yì bǎi líng yī kuài (qián) | 一百一十块(钱) yì bǎi yī shí kuài (qián) | 一百一十一块(钱) yì bǎi yī shíyī kuài (qián) |

## 문제 풀어 보기

**1.** 들려주는 단어의 한어병음을 적어 보세요.　　　　　　　　　　　　track 170

① _____　　　　② _____

③ _____　　　　④ _____

⑤ _____　　　　⑥ _____

**2.** 들려주는 대화 내용과 일치하는 사진을 고르세요.　　　　　　　　track 171

① a. 　　b.

② a. 　　b.

③ a. 　　b.

## 문제 풀어 보기

**3.** 말풍선에 있는 단어들을 조합하여 그림에 맞게 질문에 답해 보세요.

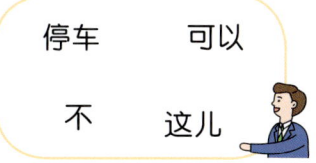

**4.** 다음 빈칸을 채우면서 써 보고 소리 내어 읽어 보세요.

① 이번 요리는 달기도 하고 짜기도 해요.

这道 ＿＿ 甜 ＿＿ 咸。

Zhè dào ＿＿ tián ＿＿ xián.

② 여기는 흡연하면 안 됩니다.

这儿 ＿＿ 抽烟。

Zhèr ＿＿ chōuyān.

③ 말씀 좀 묻겠습니다. 제가 좀 써도 될까요?

＿＿＿＿＿, 我可以用一下吗?

＿＿＿＿＿, wǒ kěyǐ yòng yíxià ma?

## 표현 넓히기

● 중국 화폐 알아보기!

一百块 100위안
yì bǎi kuài

五十块 50위안
wǔ shí kuài

二十块 20위안
èrshí kuài

十块 10위안
shí kuài

五块 5위안
wǔ kuài

一块 1위안
yí kuài

● 중국의 QR 결제 시스템 알아보기!

微信支付
Wēixìn zhīfù
위챗페이

支付宝
Zhīfùbǎo
알리페이

## 표현 넓히기

● 다양한 과일 명칭과 금액 표현 말해 보기!

track 173

Q. 苹果多少钱一斤?   사과 한 근에 얼마예요?
Píngguǒ duōshao qián yì jīn?

A. 四块五一斤。   한 근에 4.5위안입니다.
Sì kuài wǔ yì jīn.

**Words**
斤 jīn 양 근(500g)

柠檬
níngméng
레몬[4.8元]

草莓
cǎoméi
딸기[10.5元]

蓝莓
lánméi
블루베리[19.8元]

橘子
júzi
귤[6.4元]

芒果
mángguǒ
망고[7元]

牛油果
niúyóuguǒ
아보카도[8.9元]

香蕉
xiāngjiāo
바나나[4.9元]

桃子
táozi
복숭아[22.5元]

葡萄
pútao
포도[21.5元]

菠萝
bōluó
파인애플[5元]

甜瓜
tiánguā
참외[12元]

梨
lí
배[15元]

**memo**

정답

## Unit 들어가기

**듣기 연습** p.025

**1.**

- 녹음 스트립트

| ❶ a | ❷ ei |
|---|---|
| ❸ yu | ❹ wu |
| ❺ en | ❻ weng |

- 정답

| ❶ a | ❷ ei |
|---|---|
| ❸ yu | ❹ wu |
| ❺ en | ❻ weng |

**2.**

- 녹음 스트립트

| ❶ f | ❷ k |
|---|---|
| ❸ z | ❹ l |
| ❺ c | ❻ zh |

- 정답

| ❶ f | ❷ k |
|---|---|
| ❸ z | ❹ l |
| ❺ c | ❻ zh |

**3.**

- 녹음 스트립트

| ❶ qí | ❷ liǎn |
|---|---|
| ❸ jī | ❹ duī |
| ❺ shì | ❻ jú |

- 정답

| ❶ qí | ❷ liǎn |
|---|---|
| ❸ jī | ❹ duī |
| ❺ shì | ❻ jú |

**4.**

- 녹음 스트립트

| ❶ tiān | ❷ zháo |
|---|---|
| ❸ duì | ❹ wǒmen |
| ❺ dàxué | ❻ lǎoshī |
| ❼ péngyou | ❽ méiyǒu |
| ❾ zuìjìn | ❿ yóuyǒng |
| ⓫ hěn hǎo | ⓬ xiàyǔ |

- 정답

| ❶ tiān | ❷ zháo |
|---|---|
| ❸ duì | ❹ wǒmen |
| ❺ dàxué | ❻ lǎoshī |
| ❼ péngyou | ❽ méiyǒu |
| ❾ zuìjìn | ❿ yóuyǒng |
| ⓫ hěn hǎo | ⓬ xiàyǔ |

## Unit 1

**문제 풀어 보기** p.034

**1.**

- 녹음 스트립트

| ❶ 再 | ❷ 老师 |
|---|---|
| ❸ 他们 | ❹ 大家 |
| ❺ 我们 | ❻ 一会儿 |

- 정답

| ❶ zài | ❷ lǎoshī |
|---|---|
| ❸ tāmen | ❹ dàjiā |
| ❺ wǒmen | ❻ yíhuìr |

**2.**

- 녹음 스트립트

| ❶ 老师好! | ❷ 再见! |
|---|---|

- 정답

| ❶ a | ❷ b |
|---|---|

**3.**

| ❶ c | ❷ a |
|---|---|
| ❸ d | ❹ b |

**4.**

❶ 大家好!
　Dàjiā hǎo!

❷ 下次见!
　Xiàcì jiàn!

❸ 我们明天见!
　Wǒmen míngtiān jiàn!

## Unit 2

**문제 풀어 보기** p.044

**1.**

- 녹음 스트립트

| ❶ 喝 | ❷ 吃 |
|---|---|
| ❸ 什么 | ❹ 听 |
| ❺ 水果 | ❻ 买 |

- 정답

① hē  ② chī
③ shénme  ④ tīng
⑤ shuǐguǒ  ⑥ mǎi

2.
- 녹음 스트립트

① A 你吃什么?
  B 我吃面包。

② A 你买衣服吗?
  B 我不买衣服。

- 정답

① a  ② b

3.

① b  ② d
③ c  ④ a

4.

① 你听什么?
  Nǐ tīng shénme?

② 我不喝咖啡。
  Wǒ bù hē kāfēi.

③ 你看电影吗?
  Nǐ kàn diànyǐng ma?

## Unit 3

**문제 풀어 보기** p.054

1.
- 녹음 스트립트

① 帅  ② 少
③ 快  ④ 网速
⑤ 漂亮  ⑥ 便宜

- 정답

① shuài  ② shǎo
③ kuài  ④ wǎngsù
⑤ piàoliang  ⑥ piányi

2.
- 녹음 스트립트

① A 人多吗?
  B 人不多，很少。

② A 网速呢?
  B 网速不快，太慢了。

- 정답

① b  ② b

3.

① d  ② a
③ b  ④ c

4.

① 我还好。
  Wǒ hái hǎo.

② 她最近很忙。
  Tā zuìjìn hěn máng.

③ 衣服太贵了。
  Yīfu tài guì le.

## Unit 4

**문제 풀어 보기** p.064

1.
- 녹음 스트립트

① 谁  ② 朋友
③ 照片  ④ 学生
⑤ 电脑  ⑥ 韩国人

- 정답

① shéi  ② péngyou
③ zhàopiàn  ④ xuésheng
⑤ diànnǎo  ⑥ Hánguórén

2.
- 녹음 스트립트

① A 他是大学生吗?
  B 不是，他是上班族。

② A 这是什么?
  B 这是我朋友的书。

- 정답

① a  ② b

3.

① 的  ② 叫
③ 那些  ④ 不是

4.
- ① 他是谁?
  Tā shì shéi?
- ② 她是我(的)老师。
  Tā shì wǒ (de) lǎoshī.
- ③ 那不是我的手机。
  Nà bú shì wǒ de shǒujī.

## Unit 5

### 문제 풀어 보기 p.074

1.
- 녹음 스트립트

| ① 今天 | ② 祝 |
| ③ 生日 | ④ 快乐 |
| ⑤ 星期五 | ⑥ 去年 |

- 정답

| ① jīntiān | ② zhù |
| ③ shēngrì | ④ kuàilè |
| ⑤ xīngqīwǔ | ⑥ qùnián |

2.
- 녹음 스트립트
- ① 今天是一月一号。
- ② 他的生日是五月十号。
- ③ 今天是三十一号,星期五。
- ④ 我今年十二岁。

- 정답

| ① × | ② ○ |
| ③ ○ | ④ × |

3.

| ① c | ② a |
| ③ d | ④ b |

4.
- ① 你今年多大?
  Nǐ jīnnián duōdà?
- ② (祝你)周末快乐!
  (Zhù nǐ) Zhōumò kuàilè!
- ③ 明天(是)星期几?
  Míngtiān (shì) xīngqī jǐ?

## Unit 6

### 문제 풀어 보기 p.086

1.
- 녹음 스트립트

| ① 现在 | ② 开始 |
| ③ 挺 | ④ 经常 |
| ⑤ 好看 | ⑥ 电视剧 |

- 정답

| ① xiànzài | ② kāishǐ |
| ③ tǐng | ④ jīngcháng |
| ⑤ hǎokàn | ⑥ diànshìjù |

2.
- 녹음 스트립트
- ① 六点零五分。
- ② 十二点一刻。
- ③ 差五分七点。
- ④ 上午十点。
- ⑤ 下午两点半。
- ⑥ 晚上十一点四十五分。

- 정답

| ① ○ | ② × |
| ③ × | ④ ○ |
| ⑤ ○ | ⑥ × |

3.
- ① 早上七点一刻(十五分)起床。
- ② 上午十点跑步。
- ③ 中午十二点吃午饭。
- ④ 晚上十一点睡觉。

4.
- ① 现在几点?
  Xiànzài jǐ diǎn?
- ② 现在差五分两点。
  Xiànzài chà wǔ fēn liǎng diǎn.
- ③ 挺好看的。你也看看吧。
  Tǐng hǎokàn de. Nǐ yě kànkan ba.

## Unit 7

**문제 풀어 보기** p.096

1.
- 녹음 스트립트
  - ① 小狗
  - ② 独生女
  - ③ 可爱
  - ④ 非常
  - ⑤ 挑剔
  - ⑥ 哥哥
- 정답
  - ① xiǎogǒu
  - ② dúshēngnǚ
  - ③ kě'ài
  - ④ fēicháng
  - ⑤ tiāoti
  - ⑥ gēge

2.
- 녹음 스트립트
  - ① A 你有时间吗?
    B 我现在太忙了，没有时间。
  - ② A 我家里有三只小猫。
    B 它们非常可爱。
  - ③ A 你家有几口人?
    B 我家有四口人。
- 정답
  - ① b   ② a   ③ b

3.
- ① 个   ② 本
- ③ 只   ④ 家

4.
- ① 我家有三口人。
  Wǒ jiā yǒu sān kǒu rén.
- ② 这儿有没有纸巾?
  Zhèr yǒu méiyǒu zhǐjīn?
- ③ 我有一个姐姐，还有两只小猫。
  Wǒ yǒu yí ge jiějie, hái yǒu liǎng zhī xiǎomāo.

## Unit 8

**문제 풀어 보기** p.106

1.
- 녹음 스트립트
  - ① 消息
  - ② 空
  - ③ 咖啡厅
  - ④ 后边
  - ⑤ 苹果
  - ⑥ 卫生间
- 정답
  - ① xiāoxi
  - ② kòng
  - ③ kāfēitīng
  - ④ hòubian
  - ⑤ píngguǒ
  - ⑥ wèishēngjiān

2.
- 녹음 스트립트
  - ① A 喂，你在哪儿?
    B 我在医院。
  - ② A 书店在哪儿?
    B 书店在学校对面。
  - ③ A 你在哪儿学习?
    B 我在图书馆学习。
- 정답
  - ① a   ② a   ③ b

3.
- ① 在   ② 在
- ③ 有   ④ 在
- ⑤ 有

4.
- ① 你住在哪儿?
  Nǐ zhù zài nǎr?
- ② 你有什么事吗?
  Nǐ yǒu shénme shì ma?
- ③ 手机在桌子上边。
  Shǒujī zài zhuōzi shàngbian.

## Unit 9

**문제 풀어 보기** p.116

1.
- 녹음 스트립트
  - ① 逛
  - ② 地铁
  - ③ 顺路
  - ④ 接
  - ⑤ 火车
  - ⑥ 出租车
- 정답
  - ① guàng
  - ② dìtiě
  - ③ shùnlù
  - ④ jiē
  - ⑤ huǒchē
  - ⑥ chūzūchē

**2.**

- 녹음 스트립트

❶ A 你去哪儿?
　B 我去健身房。

❷ A 我骑摩托车去。你呢?
　B 我骑自行车去。

❸ A 你怎么去商场?
　B 我坐地铁去商场。

- 정답

❶ a　　❷ a　　❸ b

**3.**

❶ e　　❷ a
❸ b　　❹ d
❺ c

**4.**

❶ 你怎么去机场?
　Nǐ zěnme qù jīchǎng?

❷ 她骑自行车去学校。
　Tā qí zìxíngchē qù xuéxiào.

❸ 我去便利店买方便面。
　Wǒ qù biànlìdiàn mǎi fāngbiànmiàn.

## Unit 10

### 문제 풀어 보기　p.126

**1.**

- 녹음 스트립트

❶ 打算　　❷ 运动
❸ 平时　　❹ 高尔夫球
❺ 面条　　❻ 留学

- 정답

❶ dǎsuàn　　❷ yùndòng
❸ píngshí　　❹ gā'ěrfūqiú
❺ miàntiáo　　❻ liúxué

**2.**

- 녹음 스트립트

❶ A 你喜欢做什么?
　B 我喜欢唱歌。

❷ A 你有什么打算?
　B 我打算看电视。

❸ A 周末你打算做什么?
　B 我打算去露营。

- 정답

❶ b　　❷ b　　❸ b

**3.**

❶ 做　　❷ 学习
❸ 打算　　❹ 运动

**4.**

❶ 你有什么打算?
　Nǐ yǒu shénme dǎsuàn?

❷ 她打算去中国旅行。
　Tā dǎsuàn qù Zhōngguó lǚxíng.

❸ 周末我打算参加比赛。
　Zhōumò wǒ dǎsuàn cānjiā bǐsài.

## Unit 11

### 문제 풀어 보기　p.138

**1.**

- 녹음 스트립트

❶ 放假　　❷ 因为
❸ 宅在家　　❹ 累
❺ 旅游　　❻ 说话

- 정답

❶ fàngjià　　❷ yīnwèi
❸ zhái zài jiā　　❹ lèi
❺ lǚyóu　　❻ shuōhuà

**2.**

- 녹음 스트립트

❶ A 你想做什么?
　B 我想跟你说话。

❷ A 你为什么不想吃饭?
　B 因为我很累。

❸ A 放假的时候，你想去哪儿?
　B 我想去中国旅游。

- 정답

❶ b　　❷ b　　❸ a

**3.**

여 你想做什么? 너는 무엇을 하고 싶어?
남 我想谈恋爱。 나는 연애하고 싶어.

**4.**

❶ 我不想跟你开玩笑。
Wǒ bù xiǎng gēn nǐ kāi wánxiào.

❷ 你为什么不想去旅行?
Nǐ wèishénme bù xiǎng qù lǚxíng?

❸ 休息的时候, 我一般看电影。
Xiūxi de shíhou, wǒ yìbān kàn diànyǐng.

## Unit 12

### 문제 풀어 보기 p.148

**I.**
- 녹음 스트립트

| ❶ 炸鸡 | ❷ 一定 |
|---|---|
| ❸ 点菜 | ❹ 出差 |
| ❺ 搬家 | ❻ 休假 |

- 정답

| ❶ zhájī | ❷ yídìng |
|---|---|
| ❸ diǎn cài | ❹ chūchāi |
| ❺ bānjiā | ❻ xiūjià |

**2.**
- 녹음 스트립트

❶ A 你要搬家吗?
　B 我要搬家。

❷ A 你要不要去吃饭?
　B 我不想去, 我要叫外卖。

❸ A 会议从几点开始?
　B 会议从两点开始。

- 정답

❶ b　　❷ b　　❸ b

**3.**

여 你要不要吃夜宵? 너 야식 먹을 거야?
남 我从今天开始减肥! 나는 오늘부터 다이어트 시작이야.

**4.**

❶ 我要叫外卖。
Wǒ yào jiào wàimài.

❷ 我一定要买房子。
Wǒ yídìng yào mǎi fángzi.

❸ 他从明年开始找工作。
Tā cóng míngnián kāishǐ zhǎo gōngzuò.

## Unit 13

### 문제 풀어 보기 p.158

**I.**
- 녹음 스트립트

| ❶ 当然 | ❷ 跳舞 |
|---|---|
| ❸ 特别 | ❹ 点赞 |
| ❺ 开车 | ❻ 介绍 |

- 정답

| ❶ dāngrán | ❷ tiàowǔ |
|---|---|
| ❸ tèbié | ❹ diǎnzàn |
| ❺ kāichē | ❻ jièshào |

**2.**
- 녹음 스트립트

❶ A 你会开车吗?
　B 我不会开车, 我会骑摩托车。

❷ A 你会读这个汉字吗?
　B 我会读。

❸ A 我没有男朋友。
　B 我给你介绍对象。

- 정답

❶ b　　❷ a　　❸ a

**3.**

여 你会游泳吗? 너 수영할 줄 알아?
남 我当然会游泳。 나는 당연히 수영할 줄 알지.

**4.**

❶ 她给我发短信。
Tā gěi wǒ fā duǎnxìn.

❷ 我不太会说汉语。
Wǒ bú tài huì shuō Hànyǔ.

❸ 这个舞最近特别火。
Zhè ge wǔ zuìjìn tèbié huǒ.

## Unit 14

**문제 풀어 보기** p.168

**1.**

- 녹음 스트립트

| ❶ 安排 | ❷ 送 |
| ❸ 自己 | ❹ 不好意思 |
| ❺ 理解 | ❻ 天津 |

- 정답

| ❶ ānpái | ❷ sòng |
| ❸ zìjǐ | ❹ bùhǎoyìsi |
| ❺ lǐjiě | ❻ Tiānjīn |

**2.**

- 녹음 스트립트

❶ A 你能送我到机场吗?
　B 不好意思，我不能送你。

❷ A 她现在能不能接电话?
　B 她现在能接电话。

❸ A 你家离车站远不远?
　B 我家离车站很近。

- 정답

❶ b　　❷ a　　❸ b

**3.**

여 你能吃辣的吗? 너 매운 거 먹을 수 있어?
남 我不能吃辣的。 나는 매운 거 못 먹어.

**4.**

❶ 周末我不能喝酒。
　Zhōumò wǒ bù néng hē jiǔ.

❷ 美国离法国不近。
　Měiguó lí Fǎguó bú jìn.

❸ 你什么时候出发?
　Nǐ shénme shíhou chūfā?

## Unit 15

**문제 풀어 보기** p.178

**1.**

- 녹음 스트립트

| ❶ 试穿 | ❷ 打折 |
| ❸ 饿 | ❹ 块 |
| ❺ 高兴 | ❻ 西瓜 |

- 정답

| ❶ shìchuān | ❷ dǎzhé |
| ❸ è | ❹ kuài |
| ❺ gāoxìng | ❻ xīguā |

**2.**

- 녹음 스트립트

❶ A 我可以试穿吗?
　B 当然可以，试衣间在那边。

❷ A 请问一下，这儿可以拍照吗?
　B 这儿不可以拍照。

❸ A 这件衣服多少钱?
　B 现在打五折，两百块。

- 정답

❶ a　　❷ b　　❸ b

**3.**

여 这儿可以停车吗? 이곳에 주차해도 될까요?
남 这儿不可以停车。 이곳에 주차할 수 없어요.

**4.**

❶ 这道菜又甜又咸。
　Zhè dào cài yòu tián yòu xián.

❷ 这儿不可以抽烟。
　Zhèr bù kěyǐ chōuyān.

❸ 请问一下，我可以用一下吗?
　Qǐngwèn yíxià, wǒ kěyǐ yòng yíxià ma?

**memo**

memo

# 지금은 중국어, 첫걸음
## 복습 교재

시사중국어사

# 지금은 중국어, 첫걸음

## 복습 교재

시사중국어사

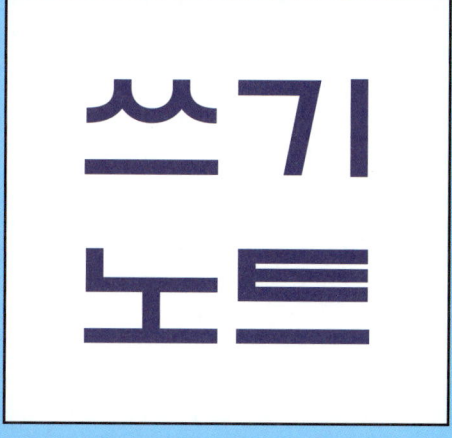

Unit 들어가기 ~ Unit 15

# Unit 들어가기

**운모** 음원을 들으며 소리 내어 읽고 써 보세요. (track w01)

▶ 단운모

| a | o | e | i(yi) | u(wu) | ü(yu) |
|---|---|---|-------|-------|-------|
| a | o | e | i(yi) | u(wu) | ü(yu) |
|   |   |   |       |       |       |

▶ 복운모

| ai | ei | ao | ou | an | en |
|----|----|----|----|----|----|
| ai | ei | ao | ou | an | en |
|    |    |    |    |    |    |

| ang | eng | ong |
|-----|-----|-----|
| ang | eng | ong |
|     |     |     |

▶ 결합운모

| ia(ya) | ie(ye) | iao(yao) | iou(you) | ian(yan) |
|--------|--------|----------|----------|----------|
| ia(ya) | ie(ye) | iao(yao) | iou(you) | ian(yan) |
|        |        |          |          |          |

| in(yin) | iang(yang) | ing(ying) | iong(yong) |
|---------|------------|-----------|------------|
| in(yin) | iang(yang) | ing(ying) | iong(yong) |
|         |            |           |            |

▶ 결합운모

| ua(wa) | uo(wo) | uai(wai) | uei(wei) | uan(wan) |
|---|---|---|---|---|
| ua(wa) | uo(wo) | uai(wai) | uei(wei) | uan(wan) |
| | | | | |

| uen(wen) | uang(wang) | ueng(weng) |
|---|---|---|
| uen(wen) | uang(wang) | ueng(weng) |
| | | |

| üe(yue) | üan(yuan) | ün(yun) |
|---|---|---|
| üe(yue) | üan(yuan) | ün(yun) |
| | | |

▶ 권설운모

| er |
|---|
| er |

## 성모

음원을 들으며 소리 내어 읽고 써 보세요. (track w02)

| b(o) | p(o) | m(o) | f(o) |
|---|---|---|---|
| b(o) | p(o) | m(o) | f(o) |
|  |  |  |  |

| d(e) | t(e) | n(e) | l(e) |
|---|---|---|---|
| d(e) | t(e) | n(e) | l(e) |
|  |  |  |  |

| g(e) | k(e) | h(e) | |
|---|---|---|---|
| g(e) | k(e) | h(e) | |
|  |  |  | |

| j(i) | q(i) | x(i) | |
|---|---|---|---|
| j(i) | q(i) | x(i) | |
|  |  |  | |

| z(i) | c(i) | s(i) | |
|---|---|---|---|
| z(i) | c(i) | s(i) | |
|  |  |  | |

| zh(i) | ch(i) | sh(i) | r(i) |
|---|---|---|---|
| zh(i) | ch(i) | sh(i) | r(i) |
|  |  |  |  |

## 한어병음

음원을 들으며 소리 내어 읽고 써 보세요. (track w03)

| jīntiān | Zhōngguó | gēshǒu | tiānqì | zhuōzi |
|---|---|---|---|---|
| jīntiān | Zhōngguó | gēshǒu | tiānqì | zhuōzi |

| zuótiān | Hánguó | píjiǔ | xuéxiào | péngyou |
|---|---|---|---|---|
| zuótiān | Hánguó | píjiǔ | xuéxiào | péngyou |

| Běijīng | Měiguó | shuǐguǒ | kělè | yǐzi |
|---|---|---|---|---|
| Běijīng | Měiguó | shuǐguǒ | kělè | yǐzi |

| dàjiā | dàxué | Shànghǎi | diànshì | màozi |
|---|---|---|---|---|
| dàjiā | dàxué | Shànghǎi | diànshì | màozi |

| yóuyǒng | zuìjìn | wǔmáng | fēicháng | xiāoxi |
|---|---|---|---|---|
| yóuyǒng | zuìjìn | wǔmáng | fēicháng | xiāoxi |

| dǎchē | píngshí | yùndòng | wàimài | tèbié |
|---|---|---|---|---|
| dǎchē | píngshí | yùndòng | wàimài | tèbié |

# Unit 1 ) 안녕하세요!

**단어 써 보기**  음원을 들으며 소리 내어 읽고 써 보세요. (track w04)

| 你 nǐ 때 너, 당신 | 你 | 你 | | |
| --- | --- | --- | --- | --- |
| 您 nín 때 당신(존칭) | 您 | 您 | | |
| 我 wǒ 때 나, 저 | 我 | 我 | | |
| 他 tā 때 그 | 他 | 他 | | |
| 她 tā 때 그녀 | 她 | 她 | | |
| 好 hǎo 형 좋다, 안녕하다 | 好 | 好 | | |
| 再 zài 부 또, 다시 | 再 | 再 | | |
| 见 jiàn 동 만나다, 보다 | 见 | 见 | | |

### 문장 써 보기
음원을 들으며 소리 내어 읽고 써 보세요. (track w05)

**你好!** Nǐ hǎo! 안녕하세요!

你好!

**你们好!** Nǐmen hǎo! 얘들아 안녕!

你们好!

**大家好!** Dàjiā hǎo! 여러분 안녕하세요!

大家好!

**再见!** Zàijiàn! 또 만나요!

再见!

**我们明天见!** Wǒmen míngtiān jiàn! 우리 내일 만나요!

我们明天见!

## 단어 쪽지 시험

**1.** 빈칸을 채우며 단어를 복습해 보세요.

|  | wǎnshang |  |
|---|---|---|
|  |  | 몡 내일 |
| 老师 |  |  |
| 下次 |  |  |
|  | yíhuìr |  |

**2.** 음원을 듣고 알맞은 중국어를 써서, 실력을 확인해 보세요. (track w06)

❶ _____    ❷ _____

❸ _____    ❹ _____

❺ _____    ❻ _____

❼ _____    ❽ _____

정답  1. 晚上 [명] 저녁 / 明天 míngtiān / lǎoshī [명] 선생님 / xiàcì [명] 다음번 / 一会儿 [양] 잠시, 잠깐 동안
 2. ① 你 ② 您 ③ 你们 ④ 我们 ⑤ 好 ⑥ 再 ⑦ 大家 ⑧ 见

# Unit 2) 우리 뭐 먹을까요?

**단어 써 보기** 음원을 들으며 소리 내어 읽고 써 보세요. (track w07)

| | | | | |
|---|---|---|---|---|
| 吃 chī 동 먹다 | 吃 | 吃 | | |
| 喝 hē 동 마시다 | 喝 | 喝 | | |
| 买 mǎi 동 사다 | 买 | 买 | | |
| 听 tīng 동 듣다 | 听 | 听 | | |
| 看 kàn 동 보다 | 看 | 看 | | |
| 不 bù 부 부정을 표시 | 不 | 不 | | |
| 面包 miànbāo 명 빵 | 面包 | 面包 | | |
| 衣服 yīfu 명 옷 | 衣服 | 衣服 | | |

**문장 써 보기**  음원을 들으며 소리 내어 읽고 써 보세요. (track w08)

**你喝咖啡吗?** Nǐ hē kāfēi ma? 당신은 커피를 마실 건가요?

你喝咖啡吗?

**我不喝咖啡。** Wǒ bù hē kāfēi. 저는 커피를 마시지 않아요.

我不喝咖啡。

**我喝水。** Wǒ hē shuǐ. 저는 물을 마실게요.

我喝水。

**我们吃什么?** Wǒmen chī shénme? 우리 뭐 먹을까요?

我们吃什么?

**我们吃水果吧。** Wǒmen chī shuǐguǒ ba. 우리 과일 먹어요.

我们吃水果吧。

## 단어 쪽지 시험

**1.** 빈칸을 채우며 단어를 복습해 보세요.

|  | shuǐguǒ |  |
|---|---|---|
|  | hē |  |
| 什么 |  |  |
|  |  | 의문을 나타내는 어기조사 |
| 吃 |  |  |

**2.** 음원을 듣고 알맞은 중국어를 써서, 실력을 확인해 보세요. (track w09)

❶ _____    ❷ _____

❸ _____    ❹ _____

❺ _____    ❻ _____

❼ _____    ❽ _____

정답 1. 水果 [명] 과일 / 喝 [동] 마시다 / shénme [대] 무엇, 무슨 / 吗 ma / chī [동] 먹다
   2. ① 看 ② 电影 ③ 听 ④ 音乐 ⑤ 买 ⑥ 衣服 ⑦ 面包 ⑧ 水

# Unit 3) 당신은 요즘 잘 지내요?

**단어 써 보기**  음원을 들으며 소리 내어 읽고 써 보세요. (track w10)

| 帅 shuài 형 멋있다 | 帅 | 帅 | | |
| --- | --- | --- | --- | --- |
| 漂亮 piàoliang 형 예쁘다 | 漂亮 | 漂亮 | | |
| 多 duō 형 많다 | 多 | 多 | | |
| 少 shǎo 형 적다 | 少 | 少 | | |
| 便宜 piányi 형 싸다 | 便宜 | 便宜 | | |
| 贵 guì 형 비싸다 | 贵 | 贵 | | |
| 快 kuài 형 빠르다 | 快 | 快 | | |
| 慢 màn 형 느리다 | 慢 | 慢 | | |

**문장 써 보기** 음원을 들으며 소리 내어 읽고 써 보세요. (track w11)

### 你最近好吗? Nǐ zuìjìn hǎo ma? 당신은 요즘 잘 지내나요?

你最近好吗?

### 我最近太忙了。 Wǒ zuìjìn tài máng le. 저는 요즘 너무 바빠요.

我最近太忙了。

### 我还好。 Wǒ hái hǎo. 저는 그럭저럭 잘 지내요.

我还好。

### 你家人都好吗? Nǐ jiārén dōu hǎo ma? 가족들은 모두 잘 지내나요?

你家人都好吗?

### 他们都很好。 Tāmen dōu hěn hǎo. 그들은 모두 잘 지내요.

他们都很好。

Unit 3

## 단어 쪽지 시험

**1.** 빈칸을 채우며 단어를 복습해 보세요.

|  | hěn |  |
|---|---|---|
|  |  | 부 모두, 다 |
| 忙 |  |  |
|  | hái |  |
| 最近 |  |  |

**2.** 음원을 듣고 알맞은 중국어를 써서, 실력을 확인해 보세요.  (track w12)

❶ _____   ❷ _____

❸ _____   ❹ _____

❺ _____   ❻ _____

❼ _____   ❽ _____

---

정답  1. 很 [부] 매우 / 都 dōu / máng [형] 바쁘다 / 还 [부] 그럭저럭, 그런대로 / zuìjìn [명] 요즘, 최근
2. ① 家人 ② 太……了 ③ 帅 ④ 漂亮 ⑤ 便宜 ⑥ 贵 ⑦ 快 ⑧ 慢

16

# Unit 4  이것은 뭐예요?

**단어 써 보기**  음원을 들으며 소리 내어 읽고 써 보세요. (track w13)

| 是<br>shì<br>동 이다 | 是 | 是 | | |
|---|---|---|---|---|
| 不是<br>bú shì<br>~아니다 | 不是 | 不是 | | |
| 韩国人<br>Hánguórén<br>명 한국인 | 韩国人 | 韩国人 | | |
| 这<br>zhè<br>대 이것 | 这 | 这 | | |
| 那<br>nà<br>대 저것, 그것 | 那 | 那 | | |
| 书<br>shū<br>명 책 | 书 | 书 | | |
| 手机<br>shǒujī<br>명 휴대폰 | 手机 | 手机 | | |
| 杯子<br>bēizi<br>명 컵 | 杯子 | 杯子 | | |

**문장 써 보기**  음원을 들으며 소리 내어 읽고 써 보세요.  (track w14)

这是什么？  Zhè shì shénme?  이것은 무엇인가요?

这是什么？

这是我的照片。  Zhè shì wǒ de zhàopiàn.  이것은 제 사진이에요.

这是我的照片。

他是谁？  Tā shì shéi?  그는 누구인가요?

他是谁？

他是我的朋友。  Tā shì wǒ de péngyou.  그는 제 친구예요.

他是我的朋友。

他是大学生。  Tā shì dàxuéshēng.  그는 대학생이에요.

他是大学生。

## 단어 쪽지 시험

**1.** 빈칸을 채우며 단어를 복습해 보세요.

|  |  | 조 ~의 |
|---|---|---|
| 朋友 |  |  |
|  | shéi |  |
| 上班族 |  |  |
|  | dàxuéshēng |  |

**2.** 음원을 듣고 알맞은 중국어를 써서, 실력을 확인해 보세요. (track w15)

❶ _____   ❷ _____

❸ _____   ❹ _____

❺ _____   ❻ _____

❼ _____   ❽ _____

정답  1. 的 de / péngyou [명] 친구 / 谁 [대] 누구, 누가 / shàngbānzú [명] 직장인 / 大学生 [명] 대학생
      2. ① 杯子 ② 电脑 ③ 这 ④ 那 ⑤ 韩国人 ⑥ 书 ⑦ 手机 ⑧ 照片

# Unit 5) 오늘 무슨 요일이죠?

**단어 써 보기** 음원을 들으며 소리 내어 읽고 써 보세요. (track w16)

| | | | | |
|---|---|---|---|---|
| 星期<br>xīngqī<br>명 주, 요일 | 星期 | 星期 | | |
| 月<br>yuè<br>명 월 | 月 | 月 | | |
| 号<br>hào<br>명 일(날짜) | 号 | 号 | | |
| 几<br>jǐ<br>대 몇 | 几 | 几 | | |
| 今天<br>jīntiān<br>명 오늘 | 今天 | 今天 | | |
| 今年<br>jīnnián<br>명 올해 | 今年 | 今年 | | |
| 岁<br>suì<br>양 세, 살 | 岁 | 岁 | | |
| 零<br>líng<br>수 0, 제로 | 零 | 零 | | |

**문장 써 보기** 음원을 들으며 소리 내어 읽고 써 보세요. (track w17)

## 祝你生日快乐！ Zhù nǐ shēngrì kuàilè! 생일 축하해요!

祝你生日快乐！

## 今天几号？ Jīntiān jǐ hào? 오늘 며칠이에요?

今天几号？

## 今天七月二号。 Jīntiān qī yuè èr hào. 오늘은 7월 2일이에요.

今天七月二号。

## 今天星期几？ Jīntiān xīngqī jǐ? 오늘은 무슨 요일이에요?

今天星期几？

## 今天不是星期五。 Jīntiān bú shì xīngqīwǔ. 오늘은 금요일이에요.

今天不是星期五。

### 단어 쪽지 시험

**1.** 빈칸을 채우며 단어를 복습해 보세요.

| | | |
|---|---|---|
| 祝 | | |
| 号 | | |
| | | 형 즐겁다, 유쾌하다 |
| | xīngqī | |
| | | 명 생일 |

**2.** 음원을 듣고 알맞은 중국어를 써서, 실력을 확인해 보세요. (track w18)

❶ _____  ❷ _____

❸ _____  ❹ _____

❺ _____  ❻ _____

❼ _____  ❽ _____

---

정답  1. zhù [동] 기원하다, 바라다 / hào [명] 일(날짜) / 快乐 kuàilè / 星期 [명] 주, 요일 / 生日 shēngrì
2. ① 零  ② 月  ③ 几  ④ 今年  ⑤ 今天  ⑥ 年纪  ⑦ 新年  ⑧ 多大

# Unit 6  지금 몇 시예요?

**단어 써 보기**  음원을 들으며 소리 내어 읽고 써 보세요. (track w19)

| 现在 xiànzài 몡지금, 현재 | 现在 | 现在 | | |
|---|---|---|---|---|
| 点 diǎn 몡시 | 点 | 点 | | |
| 分 fēn 양분 | 分 | 分 | | |
| 一刻 yí kè 양15분 | 一刻 | 一刻 | | |
| 两 liǎng 주2, 둘 | 两 | 两 | | |
| 半 bàn 주반 | 半 | 半 | | |
| 上午 shàngwǔ 몡오전 | 上午 | 上午 | | |
| 中午 zhōngwǔ 몡정오 (낮 12시 전후) | 中午 | 中午 | | |

**문장 써 보기** 음원을 들으며 소리 내어 읽고 써 보세요. (track w20)

现在几点？ Xiànzài jǐ diǎn? 지금 몇 시예요?

现在几点？

差十分六点。 Chà shí fēn liù diǎn. 6시 10분 전이에요. (5시 50분입니다.)

差十分六点。

怎么了？ Zěnme le? 무슨 일이에요? (왜 그래요?)

怎么了？

电视剧六点开始。 Diànshìjù liù diǎn kāishǐ. 드라마가 6시에 시작해요.

电视剧六点开始。

你也看看吧！ Nǐ yě kànkan ba! 당신도 좀 보세요!

你也看看吧！

## 단어 쪽지 시험

**1.** 빈칸을 채우며 단어를 복습해 보세요.

| | | |
|---|---|---|
| 电视剧 | | |
| | | 부 늘, 항상 |
| 挺……(的) | | |
| | hǎokàn | |
| | kāishǐ | |

**2.** 음원을 듣고 알맞은 중국어를 써서, 실력을 확인해 보세요. (track w21)

❶ _____   ❷ _____

❸ _____   ❹ _____

❺ _____   ❻ _____

❼ _____   ❽ _____

---

정답 1. diànshìjù [명] 드라마 / 经常 jīngcháng / tǐng……(de) 꽤 ~하다 / 好看 [형] 재미있다, 보기 좋다 / 开始 [동] 시작하다
2. ① 睡觉 ② 休息 ③ 起床 ④ 吃饭 ⑤ 跑步 ⑥ 差 ⑦ 汉语 ⑧ 上午

# Unit 7) 당신 시간 있어요?

**단어 써 보기** 음원을 들으며 소리 내어 읽고 써 보세요. (track w22)

| 有<br>yǒu<br>동 있다 | 有 | 有 | | |
|---|---|---|---|---|
| 没有<br>méiyǒu<br>없다 | 没有 | 没有 | | |
| 事<br>shì<br>명 일 | 事 | 事 | | |
| 钱<br>qián<br>명 돈 | 钱 | 钱 | | |
| 女朋友<br>nǚ péngyou<br>명 여자친구 | 女朋友 | 女朋友 | | |
| 那儿<br>nàr<br>대 거기, 그곳 | 那儿 | 那儿 | | |
| 个<br>gè<br>양 개(사람, 사물을 셀 때) | 个 | 个 | | |
| 只<br>zhī<br>양 마리 (동물을 셀 때) | 只 | 只 | | |

> **문장 써 보기**  음원을 들으며 소리 내어 읽고 써 보세요.  (track w23)

### 你有兄弟姐妹吗？
Nǐ yǒu xiōngdì jiěmèi ma? 당신은 형제자매가 있나요?

你有兄弟姐妹吗？

### 没有，我是独生子。
Méiyǒu, wǒ shì dúshēngzǐ. 없어요, 저는 외동이에요.

没有，我是独生子。

### 我有一个哥哥。
Wǒ yǒu yí ge gēge. 저는 오빠(형) 한 명이 있어요.

我有一个哥哥。

### 我家里有两只小猫。
우리 집에는 고양이 두 마리가 있어요.
Wǒ jiāli yǒu liǎng zhī xiǎomāo.

我家里有两只小猫。

### 它非常可爱。
Tā fēicháng kě'ài. 그것은 매우 귀여워요.

它非常可爱。

## 단어 쪽지 시험

**1.** 빈칸을 채우며 단어를 복습해 보세요.

| | | 〔부〕 또, 더 |
|---|---|---|
| | běn | |
| 挑剔 | | |
| 小猫 | | |
| | fēicháng | |

**2.** 음원을 듣고 알맞은 중국어를 써서, 실력을 확인해 보세요. (track w24)

❶ _____   ❷ _____

❸ _____   ❹ _____

❺ _____   ❻ _____

❼ _____   ❽ _____

정답  1. 还 hái / 本 [양] 권(책을 셀 때) / tiāoti [형] 까다롭다, 가리는 것이 많다 / xiǎomāo [명] 고양이 / 非常 [부] 매우, 몹시
2. ① 只  ② 口  ③ 独生子  ④ 钱  ⑤ 小狗  ⑥ 可爱  ⑦ 纸巾  ⑧ 便利店

# Unit 8  당신은 어디에 있어요?

**단어 써 보기**  음원을 들으며 소리 내어 읽고 써 보세요. (track w25)

| | | | | |
|---|---|---|---|---|
| 在 zài 동~에 있다, 전~에서 | 在 | | | |
| 公司 gōngsī 명 회사 | 公司 | | | |
| 卫生间 wèishēngjiān 명 화장실 | 卫生间 | | | |
| 桌子 zhuōzi 명 책상 | 桌子 | | | |
| 书店 shūdiàn 명 서점 | 书店 | | | |
| 医院 yīyuàn 명 병원 | 医院 | | | |
| 超市 chāoshì 명 슈퍼 | 超市 | | | |
| 苹果 píngguǒ 명 사과 | 苹果 | | | |

> **문장 써 보기**   음원을 들으며 소리 내어 읽고 써 보세요. (track w26)

### 你在哪儿？ Nǐ zài nǎr? 당신은 어디에 있어요?

你在哪儿？

### 我在学校附近。 Wǒ zài xuéxiào fùjìn. 저는 학교 근처에 있어요.

我在学校附近。

### 你有什么事吗？ Nǐ yǒu shénme shì ma? 당신은 무슨 일 있나요?

你有什么事吗？

### 我有一个好消息。 Wǒ yǒu yí ge hǎo xiāoxi. 저는 좋은 소식이 하나 있어요.

我有一个好消息。

### 我们在那儿见吧。 Wǒmen zài nàr jiàn ba. 우리 거기에서 만나요.

我们在那儿见吧。

## 단어 쪽지 시험

**1.** 빈칸을 채우며 단어를 복습해 보세요.

| | | 명 (잠깐의) 시간, 틈, 여유 |
|---|---|---|
| 消息 | | |
| 咖啡厅 | | |
| | zhuōzi | |
| | | [감탄] 여보세요(전화 받을 때) |

**2.** 음원을 듣고 알맞은 중국어를 써서, 실력을 확인해 보세요. (track w27)

❶ _____  ❷ _____

❸ _____  ❹ _____

❺ _____  ❻ _____

❼ _____  ❽ _____

---

**정답** 1. 空 kòng / xiāoxi [명] 소식 / kāfēitīng [명] 커피숍 / 桌子 [명] 책상 / 喂 wéi
2. ① 哪儿 ② 楼 ③ 学习 ④ 工作 ⑤ 住 ⑥ 超市 ⑦ 卫生间 ⑧ 图书馆

# Unit 9) 저는 친구를 만나러 가요.

**단어 써 보기**  음원을 들으며 소리 내어 읽고 써 보세요. (track w28)

| | | |  |  |
|---|---|---|---|---|
| 去<br>qù<br>동 가다 | 去 | 去 | | |
| 洗手<br>xǐshǒu<br>동 손을 씻다 | 洗手 | 洗手 | | |
| 接<br>jiē<br>동 마중하다 | 接 | 接 | | |
| 健身房<br>jiànshēnfáng<br>명 헬스장 | 健身房 | 健身房 | | |
| 坐<br>zuò<br>동 타다 | 坐 | 坐 | | |
| 公交车<br>gōngjiāochē<br>명 버스 | 公交车 | 公交车 | | |
| 机场<br>jīchǎng<br>명 공항 | 机场 | 机场 | | |
| 飞机<br>fēijī<br>명 비행기 | 飞机 | 飞机 | | |

**문장 써 보기** 음원을 들으며 소리 내어 읽고 써 보세요. (track w29)

你去哪儿？ Nǐ qù nǎr? 당신은 어디에 가나요?

你去哪儿？

我去逛商场。 Wǒ qù guàng shāngchǎng. 저는 쇼핑몰을 둘러보러 가요.

我去逛商场。

你怎么去商场？ Nǐ zěnme qù shāngchǎng? 쇼핑몰에는 어떻게 가요?

你怎么去商场？

顺路吗？ Shùnlù ma? 가는 길인가요?(방향이 같나요?)

顺路吗？

我坐地铁去。 Wǒ zuò dìtiě qù. 저는 지하철을 타고 가요.

我坐地铁去。

## 단어 쪽지 시험

**1.** 빈칸을 채우며 단어를 복습해 보세요.

| 逛 | | |
|---|---|---|
| | shāngchǎng | |
| | | 동 택시를 타다 |
| 顺路 | | |
| | | 대 어떻게, 어째서, 왜 |

**2.** 음원을 듣고 알맞은 중국어를 써서, 실력을 확인해 보세요. (track w30)

❶ _____  ❷ _____

❸ _____  ❹ _____

❺ _____  ❻ _____

❼ _____  ❽ _____

---

정답  1. guàng [동] 놀러 다니다, 둘러보다 / 商场 [명] 쇼핑몰, 상가 / 打车 dǎchē / shùnlù [부] 가는 길에, 오는 길에 / 怎么 zěnme
2. ① 出租车  ② 火车  ③ 健身  ④ 中国  ⑤ 方便面  ⑥ 机场  ⑦ 飞机  ⑧ 洗手

# Unit 10  당신은 뭐 하는 걸 좋아해요?

**단어 써 보기**  음원을 들으며 소리 내어 읽고 써 보세요.  (track w31)

| 喜欢 xǐhuan 통좋아하다 | 喜欢 | 喜欢 | | |
|---|---|---|---|---|
| 面条 miàntiáo 명국수 | 面条 | 面条 | | |
| 唱歌 chànggē 통노래를 부르다 | 唱歌 | 唱歌 | | |
| 打算 dǎsuàn 통계획하다 명계획, 일정 | 打算 | 打算 | | |
| 留学 liúxué 통유학하다 | 留学 | 留学 | | |
| 来 lái 통오다 | 来 | 来 | | |
| 韩国 Hánguó 지명한국 | 韩国 | 韩国 | | |
| 参加 cānjiā 통참여하다 | 参加 | 参加 | | |

**문장 써 보기** 음원을 들으며 소리 내어 읽고 써 보세요. (track w32)

周末你打算做什么? 주말에 당신은 무엇을 할 계획인가요?
Zhōumò nǐ dǎsuàn zuò shénme?

周末你打算做什么?

我打算去露营。 Wǒ dǎsuàn qù lùyíng. 저는 캠핑을 갈 계획이에요.

我打算去露营。

你有什么打算? Nǐ yǒu shénme dǎsuàn? 당신은 무슨 계획이 있나요?

你有什么打算?

你喜欢做什么运动? 당신은 무슨 운동을 즐겨하나요?
Nǐ xǐhuan zuò shénme yùndòng?

你喜欢做什么运动?

我喜欢打高尔夫球。 저는 골프 치는 것을 좋아해요.
Wǒ xǐhuan dǎ gāo'ěrfūqiú.

我喜欢打高尔夫球。

## 단어 쪽지 시험

**1.** 빈칸을 채우며 단어를 복습해 보세요.

|  |  | 명 주말 |
|---|---|---|
|  | píngshí |  |
| 做 |  |  |
| 露营 |  |  |
|  | yùndòng |  |

**2.** 음원을 듣고 알맞은 중국어를 써서, 실력을 확인해 보세요. (track w33)

❶ _____   ❷ _____

❸ _____   ❹ _____

❺ _____   ❻ _____

❼ _____   ❽ _____

---

정답 1. 周末 zhōumò / 平时 [명] 평소, 평상시 / zuò [동] 하다, 만들다 / lùyíng [동] 캠핑하다, 야영하다 / 运动 [동][명] 운동(하다)
2. ① 喝茶 ② 留学 ③ 参加 ④ 比赛 ⑤ 电视 ⑥ 喜欢 ⑦ 打算 ⑧ 唱歌

# Unit 11 ) 저는 여행 가고 싶어요.

**단어 써 보기**  음원을 들으며 소리 내어 읽고 써 보세요.  track w34

| 想 xiǎng 조동 ~하고 싶다 | 想 | 想 | | |
| --- | --- | --- | --- | --- |
| 旅游 lǚyóu 동 여행하다 | 旅游 | 旅游 | | |
| 谈恋爱 tán liàn'ài 연애하다 | 谈恋爱 | 谈恋爱 | | |
| 开玩笑 kāi wánxiào 농담하다 | 开玩笑 | 开玩笑 | | |
| 说话 shuōhuà 동 말하다 | 说话 | 说话 | | |
| 跟 gēn 전 ~와(과) | 跟 | 跟 | | |
| 因为 yīnwèi 접 왜냐하면, ~때문에 | 因为 | 因为 | | |
| 放假 fàngjià 동 휴가로 쉬다, 방학하다 | 放假 | 放假 | | |

**문장 써 보기** 음원을 들으며 소리 내어 읽고 써 보세요. (track w35)

你想做什么? Nǐ xiǎng zuò shénme? 당신은 무엇을 하고 싶나요?

你想做什么?

我想跟朋友一起去旅游。 저는 친구와 같이 여행 가고 싶어요.
Wǒ xiǎng gēn péngyou yìqǐ qù lǚyóu.

我想跟朋友一起去旅游。

我不想去旅游。 Wǒ bù xiǎng qù lǚyóu. 저는 여행 가고 싶지 않아요.

我不想去旅游。

我只想宅在家。 Wǒ zhǐ xiǎng zhái zài jiā. 저는 그냥 집콕하고 싶어요.

我只想宅在家。

因为旅游很累。 Yīnwèi lǚyóu hěn lèi. 왜냐하면 여행은 피곤하니까요.

因为旅游很累。

### 단어 쪽지 시험

**1.** 빈칸을 채우며 단어를 복습해 보세요.

|  | ……de shíhou |  |
|---|---|---|
|  |  | 형 피곤하다 |
|  | wèishénme |  |
| 宅在家 |  |  |
|  |  | 부 오직, 단지, 겨우 |

**2.** 음원을 듣고 알맞은 중국어를 써서, 실력을 확인해 보세요. (track w36)

① _____  ② _____

③ _____  ④ _____

⑤ _____  ⑥ _____

⑦ _____  ⑧ _____

---

정답 1. ……的时候 ~할 때 / 累 lèi / 为什么 [대] 왜, 어째서 / zhái zài jiā 집에 틀어박혀 있다 / 只 zhǐ
2. ① 跟 ② 因为 ③ 旅游 ④ 说话 ⑤ 开玩笑 ⑥ 谈恋爱 ⑦ 为什么 ⑧ 放假

# Unit 12) 저는 다이어트할 거예요.

**단어 써 보기** 음원을 들으며 소리 내어 읽고 써 보세요. (track w37)

| 要 yào 조동 ~하려고 하다, ~해야 한다 | 要 | 要 | | |
|---|---|---|---|---|
| 夜宵 yèxiāo 명 야식 | 夜宵 | 夜宵 | | |
| 点 diǎn 동 주문하다 | 点 | 点 | | |
| 出差 chūchāi 동 출장 하다 | 出差 | 出差 | | |
| 房子 fángzi 명 집 | 房子 | 房子 | | |
| 搬家 bānjiā 동 이사하다 | 搬家 | 搬家 | | |
| 从 cóng 전 ~부터 | 从 | 从 | | |
| 会议 huìyì 명 회의 | 会议 | 会议 | | |

**문장 써 보기**  음원을 들으며 소리 내어 읽고 써 보세요. (track w38)

你要不要吃夜宵？ Nǐ yào bu yào chī yèxiāo? 당신 야식 먹을 거예요?

你要不要吃夜宵？

我要叫外卖。 Wǒ yào jiào wàimài. 저는 배달 음식을 시킬 거예요.

我要叫外卖。

你不想吃炸鸡吗？ Nǐ bù xiǎng chī zhájī ma? 당신은 치킨 안 먹고 싶어요?

你不想吃炸鸡吗？

我一定要减肥。 Wǒ yídìng yào jiǎnféi. 저는 꼭 다이어트할 거예요.

我一定要减肥。

减肥从明天开始。 Jiǎnféi cóng míngtiān kāishǐ. 다이어트는 내일부터 시작해요.

减肥从明天开始。

## 단어 쪽지 시험

**1.** 빈칸을 채우며 단어를 복습해 보세요.

| 叫 | | |
|---|---|---|
| | | 명 배달 음식 |
| 一定 | | |
| | | 동 살을 빼다, 다이어트하다 |
| | xiūjià | |

**2.** 음원을 듣고 알맞은 중국어를 써서, 실력을 확인해 보세요. (track w39)

❶ _____  ❷ _____

❸ _____  ❹ _____

❺ _____  ❻ _____

❼ _____  ❽ _____

---

정답  1. jiào [동] (음식을) 시키다, 주문하다 / 外卖 wàimài / yídìng [부] 반드시, 꼭 / 减肥 jiǎnféi / 休假 [동] 휴가를 보내다[내다]
2. ① 房子  ② 找  ③ 夜宵  ④ 会议  ⑤ 英国  ⑥ 点菜  ⑦ 出差  ⑧ 搬家

# Unit 13) 당신은 춤을 출 줄 알아요?

**단어 써 보기**  음원을 들으며 소리 내어 읽고 써 보세요.  (track w40)

| 会 huì [조동] ~할 줄 알다 (경험, 학습) | 会 | 会 | | |
| --- | --- | --- | --- | --- |
| 开车 kāichē [동] 운전하다 | 开车 | 开车 | | |
| 读 dú [동] 읽다 | 读 | 读 | | |
| 游泳 yóuyǒng [동] 수영하다 | 游泳 | 游泳 | | |
| 给 gěi [전] ~에게 | 给 | 给 | | |
| 打电话 dǎ diànhuà 전화를 걸다 | 打电话 | 打电话 | | |
| 介绍 jièshào [동] 소개하다 | 介绍 | 介绍 | | |
| 瓶 píng [양] 병 | 瓶 | 瓶 | | |

**문장 써 보기** 음원을 들으며 소리 내어 읽고 써 보세요. (track w41)

你会跳舞吗？ Nǐ huì tiàowǔ ma? 당신은 춤을 출 줄 알아요?

你会跳舞吗？

我是舞盲。 Wǒ shì wǔmáng. 저는 몸치예요.(춤에 소질이 없어요.)

我是舞盲。

我给你跳吧。 Wǒ gěi nǐ tiào ba. 제가 당신한테 춰 줄게요.

我给你跳吧。

你很会跳啊！ Nǐ hěn huì tiào a! 당신은 정말 잘 추네요!

你很会跳啊！

我给你点赞。 Wǒ gěi nǐ diǎnzàn. 내가 당신에게 '좋아요'를 눌러 줄게요.

我给你点赞。

## 단어 쪽지 시험

**1.** 빈칸을 채우며 단어를 복습해 보세요.

|  |  | 형 번창하다, 흥성하다 |
|---|---|---|
| 跳舞 |  |  |
| 舞盲 |  |  |
|  | tèbié |  |
|  | dāngrán |  |

**2.** 음원을 듣고 알맞은 중국어를 써서, 실력을 확인해 보세요. (track w42)

❶ _____    ❷ _____

❸ _____    ❹ _____

❺ _____    ❻ _____

❼ _____    ❽ _____

정답  1. 火 huǒ / tiàowǔ [동] 춤을 추다 / wǔmáng 몸치 / 特別 [부] 특별히, 아주 / 当然 [부] 당연히, 물론
2. ① 读 ② 点赞 ③ 开车 ④ 游泳 ⑤ 介绍 ⑥ 对象 ⑦ 打电话 ⑧ 短信

# Unit 14) 저를 데려다 줄 수 있나요?

**단어 써 보기** 음원을 들으며 소리 내어 읽고 써 보세요. (track w43)

| 能<br>néng<br>조동 ~할 수 있다<br>(상황, 조건) | 能 | 能 | | |
|---|---|---|---|---|
| 辣<br>là<br>형 맵다 | 辣 | 辣 | | |
| 理解<br>lǐjiě<br>동 이해하다 | 理解 | 理解 | | |
| 接<br>jiē<br>동 (전화를) 받다 | 接 | 接 | | |
| 离<br>lí<br>전 ~에서 | 离 | 离 | | |
| 近<br>jìn<br>형 가깝다 | 近 | 近 | | |
| 远<br>yuǎn<br>형 멀다 | 远 | 远 | | |
| 车站<br>chēzhàn<br>명 정거장 | 车站 | 车站 | | |

**문장 써 보기** 음원을 들으며 소리 내어 읽고 써 보세요. (track w44)

# 机场离这儿近不近? Jīchǎng lí zhèr jìn bu jìn? 공항은 여기에서 가까운가요?

机场离这儿近不近?

# 离这儿不太远。 Lí zhèr bú tài yuǎn. 여기서 별로 멀지 않아요.

离这儿不太远。

# 你什么时候出发? Nǐ shénme shíhou chūfā? 당신은 언제 출발해요?

你什么时候出发?

# 你能送我吗? Nǐ néng sòng wǒ ma? 저를 데려다 줄 수 있나요?

你能送我吗?

# 我自己去。 Wǒ zìjǐ qù. 제가 알아서 갈게요.

我自己去。

### 단어 쪽지 시험

**1.** 빈칸을 채우며 단어를 복습해 보세요.

|  |  | 언제 |
|---|---|---|
|  | chūfā |  |
| 安排 |  |  |
|  | zìjǐ |  |
| 不好意思 |  |  |

**2.** 음원을 듣고 알맞은 중국어를 써서, 실력을 확인해 보세요. (track w45)

❶ _____  ❷ _____

❸ _____  ❹ _____

❺ _____  ❻ _____

❼ _____  ❽ _____

정답  1. 什么时候 shénme shíhou / 出发 [동] 출발하다 / ānpái [동] 안배하다, 배정하다 / 自己 [대] 자기, 자신 / bùhǎoyìsi 미안하다, 부끄럽다   2. ① 理解 ② 离 ③ 远 ④ 车站 ⑤ 辣 ⑥ 近 ⑦ 一点儿 ⑧ 送

Unit 14

# Unit 15 ) 제가 입어봐도 될까요?

**단어 써 보기**  음원을 들으며 소리 내어 읽고 써 보세요.  ( track w46 )

| 可以 kěyǐ 조동 ~할 수 있다 (허락, 가능) | 可以 | 可以 | | |
| --- | --- | --- | --- | --- |
| 用 yòng 동 사용하다 | 用 | 用 | | |
| 停车 tíngchē 동 주차하다 | 停车 | 停车 | | |
| 拍照 pāizhào 동 사진을 찍다 | 拍照 | 拍照 | | |
| 又 yòu 부 또 | 又 | 又 | | |
| 冷 lěng 형 춥다 | 冷 | 冷 | | |
| 高兴 gāoxìng 형 기쁘다 | 高兴 | 高兴 | | |
| 紧张 jǐnzhāng 형 긴장해 있다, 불안하다 | 紧张 | 紧张 | | |

**문장 써 보기** 음원을 들으며 소리 내어 읽고 써 보세요. (track W47)

请问一下。 Qǐngwèn yíxià. 여쭤볼 게 있어요.

请问一下。

这件衣服多少钱？ Zhè jiàn yīfu duōshao qián? 이 옷은 얼마예요?

这件衣服多少钱？

这件又好看又便宜。 이 옷은 예쁘고 저렴하기도 해요.
Zhè jiàn yòu hǎokàn yòu piányi.

这件又好看又便宜。

现在打七折。 Xiànzài dǎ qī zhé. 지금 30% 세일해요.

现在打七折。

我可以试穿吗？ Wǒ kěyǐ shìchuān ma? 제가 입어 봐도 될까요?

我可以试穿吗？

## 단어 쪽지 시험

**1.** 빈칸을 채우며 단어를 복습해 보세요.

|  |  | 양 벌(옷을 셀 때) |
|---|---|---|
|  | duōshao |  |
| 紧张 |  |  |
|  |  | 동 할인하다, 세일하다 |
| 试衣间 |  |  |

**2.** 음원을 듣고 알맞은 중국어를 써서, 실력을 확인해 보세요. (track w48)

❶ _____   ❷ _____

❸ _____   ❹ _____

❺ _____   ❻ _____

❼ _____   ❽ _____

---

정답 1. 件 jiàn / 多少 [대] 얼마, 얼마나 / jǐnzhāng [형] 긴장해 있다, 불안하다 / 打折 dǎzhé / shìyījiān [명] 탈의실
2. ① 请问 ② 抽烟 ③ 高兴 ④ 帮 ⑤ 停车 ⑥ 饿 ⑦ 拍照 ⑧ 好吃

# 어법 정리

Unit 1 ~ Unit 15

# Chapter 01

## Unit 1

● **중국어 인사 표현** 대상/시간 + 好!

| 안녕하세요! | 你好!<br>Nǐ hǎo! | 좋은 아침입니다! | 早上好!<br>Zǎoshang hǎo! |
| --- | --- | --- | --- |
| 안녕하십니까! [존칭] | 您好!<br>Nín hǎo! | 좋은 오후입니다! | 下午好!<br>Xiàwǔ hǎo! |
| 여러분 안녕하세요! | 大家好!<br>Dàjiā hǎo | 좋은 저녁입니다! | 晚上好!<br>Wǎnshang hǎo! |

● **중국어의 기본 문형**

중국어 문장은 기본적으로 [**주어 + 술어**] 구조로 이루어지며, 술어에는 **동사, 형용사, 명사**가 올 수 있습니다. 부정문은 대부분 술어 앞에 不 bù를 붙이며, 의문문은 문장 끝에 吗 ma를 붙이거나, A不A 정반의문문을 사용해 만듭니다.

## Unit 2

● **동사술어문** 주어 + 동사 + 목적어

- 문장에서 동사가 중심이 되는 문장 구조
- **행동, 동작**을 말할 때 사용 → '먹다', '가다', '보다' 등

| 긍정문 | 我吃面包。 저는 빵을 먹어요.<br>Wǒ chī miànbāo. |
| --- | --- |
| 부정문 | 我不吃面包。 저는 빵을 먹지 않아요.<br>Wǒ bù chī miànbāo. |
| 의문문 | 你吃面包吗? / 你吃不吃面包? 당신은 빵을 먹을 거예요?<br>Nǐ chī miànbāo ma? / Nǐ chī bu chī miànbāo? |

## Unit 3

### ● 형용사술어문  주어 + 很 + 형용사

- 문장에서 형용사가 중심이 되는 문장 구조
- 상태, 성질을 말할 때 사용 → '바쁘다', '예쁘다', '춥다' 등

| | | |
|---|---|---|
| 긍정문 | 人很多。 Rén hěn duō. | 사람이 너무 많아요. |
| 부정문 | 人不多。 Rén bù duō. | 사람이 많지 않아요. |
| 의문문 | 人多吗？ / 人多不多？ Rén duō ma? / Rén duō bu duō? | 사람이 많나요? |

- 평서문에서 형용사가 정도부사 很 없이 단독으로 쓰일 경우 '비교'나 '대조'의 의미를 나타내기 때문에 일반적으로 형용사 앞에 정도를 나타내는 부사를 자주 씁니다.

| 대표적인 정도 부사 | 뜻 | 의미 |
|---|---|---|
| 还 + 형용사 | 그럭저럭 ~하다, 꽤 ~하다 | 약간 긍정적인 느낌 |
| 很 + 형용사 | (보통) ~하다 | 자연스러운 연결, 초급 문장 기본 |
| 挺 + 형용사 + 的 | 꽤 ~하다 | 회화체, 친근하고 자연스러움 |
| 太 + 형용사 + 了 | 너무 ~하다 | 감탄, 강한 강조 |

## Unit 4

### 是자문  주어 + 是 + 명사

- 우리말의 'A는 B이다' 문장과 대응되는 문장 구조 ▶ A是B
- 신분, 직업, 국적 등 정체성을 말할 때 ▶ '학생이다', '한국인이다', '선생님이다' 등

| | | |
|---|---|---|
| 긍정문 | 我是韩国人。<br>Wǒ shì Hánguórén. | 저는 한국 사람입니다. |
| 부정문 | 我不是韩国人。<br>Wǒ bú shì Hánguórén. | 저는 한국 사람이 아닙니다. |
| 의문문 | 你是韩国人吗?<br>Nǐ shì Hánguórén ma? | 당신은 한국 사람입니까? |

- 是자문을 정반의문문(是不是)으로 물을 때에는 맞는지 아닌지 고민하거나, 의심하는 뉘앙스를 나타냅니다.

## Unit 5

### 명사술어문  주어 + 명사

- 是가 생략된 형태로 명사 자체가 술어 역할을 하는 문장 구조

| | | |
|---|---|---|
| 긍정문 | 今天(是)星期一。<br>Jīntiān (shì) xīngqīyī. | 오늘은 월요일입니다. |
| 부정문 | 今天不是星期一。<br>Jīntiān bú shì xīngqīyī. | 오늘은 월요일이 아닙니다. |
| 의문문 | 今天(是)星期一吗?<br>Jīntiān (shì) xīngqīyī ma?<br>今天(是)星期几?<br>Jīntiān (shì) xīngqī jǐ? | 오늘은 월요일인가요?<br><br>오늘은 무슨 요일인가요? |

## 요일, 날짜, 연도, 나이 관련 표현

❶ 星期 뒤에 숫자 1~6을 차례로 붙여 읽으며, 일요일은 星期天 또는 星期日로 표현합니다.

| 월요일 | 화요일 | 수요일 | 목요일 | 금요일 | 토요일 | 일요일 |
|---|---|---|---|---|---|---|
| 星期一 xīngqīyī | 星期二 xīngqī'èr | 星期三 xīngqīsān | 星期四 xīngqīsì | 星期五 xīngqīwǔ | 星期六 xīngqīliù | 星期天/日 xīngqītiān/rì |

❷ 날짜를 말할 때에는 '월' 月와 '날(일)' 号로 표현합니다.

| 1월 | 2월 | 3월 | 4월 | 5월 | 6월 |
|---|---|---|---|---|---|
| 一月 yī yuè | 二月 èr yuè | 三月 sān yuè | 四月 sì yuè | 五月 wǔ yuè | 六月 liù yuè |
| 7월 | 8월 | 9월 | 10월 | 11월 | 12월 |
| 七月 qī yuè | 八月 bā yuè | 九月 jiǔ yuè | 十月 shí yuè | 十一月 shíyī yuè | 十二月 shí'èr yuè |

❸ 연도는 숫자를 하나씩 읽고 마지막에 年을 붙여 표현합니다. 중국어에서 연도를 표기할 때 '〇' 표시를 종종 볼 수 있는데, 바로 숫자 0을 한자 형태로 쓴 것입니다.

예 2000년 ▶ 二〇〇〇年 èr líng líng líng nián

예 1998년 ▶ 一九九八年 yī jiǔ jiǔ bā nián

❹ 나이는 숫자 뒤에 岁를 붙여 표현합니다.

예 25세 ▶ 二十五岁 èrshíwǔ suì

예 60세 ▶ 六十岁 liùshí suì

# Chapter 02

## Unit 6

### 시간 표현

중국어에서 시간을 말할 때는 点 diǎn '시', 分 fēn '분', 半 bàn '반', 刻 kè '15분', 差 chà '부족하다' 등을 활용하여 표현할 수 있으며, 동작(예 일어나다, 밥을 먹다, 수업하다 등)을 말할 때, 앞에 시간을 붙여서 [언제＋무엇을 한다]는 형식으로 문장을 만듭니다.

예) 我六点起床。 저는 6시에 일어나요.
　　Wǒ liù diǎn qǐchuáng.

예) 电影差一刻九点开始。
　　Diànyǐng chà yí kè jiǔ diǎn kāishǐ.
　　영화는 9시 15분 전에 시작해요. (영화는 8시 45분에 시작해요.)

❶ 点: 시간은 [숫자＋点] 형식으로 표현합니다.

예) 五点 wǔ diǎn 5시, 十一点 shíyī diǎn 11시, 两点 liǎng diǎn 2시

❷ 分: 구체적 시간을 나타낼 때에는 '시' 다음에 분을 붙여 '몇 시 몇 분'이라고 표현합니다. 또한 10 미만을 표현할 때는 앞에 零을 붙입니다.

예) 六点二十分 liù diǎn èrshí fēn 6시 20분

　　五点零五分 wǔ diǎn líng wǔ fēn 5시 5분

❸ 半: 30분은 半으로도 표현할 수 있습니다.

예) 七点半 qī diǎn bàn 7시 30분

❹ 刻: 一와 三을 붙여 一刻 yí kè '15분', 三刻 sān kè '45분'이라고 표현할 수 있습니다.

예) 三点一刻 sān diǎn yí kè 3시 15분, 五点三刻 wǔ diǎn sān kè 5시 45분

❺ 差: 시간의 표현에 쓰일 때에는 '~분 전'의 의미로 '6시 5분 전', '12시 15분 전'이라고 표현할 수 있습니다.

예) 差五分十点 chà wǔ fēn shí diǎn 10시 5분 전(9시 55분)

## Unit 7

### 소유와 존재를 나타내는 有

❶ 有는 '있다'라는 뜻으로 중국어에서 소유와 존재를 모두 표현할 수 있는 동사입니다. 부정형은 没有 méiyǒu를 씁니다.

예) 我没有时间。 나는 시간이 없어요.
　　Wǒ méiyǒu shíjiān.

| 용법 구분 | 소유를 나타낼 때 | 존재를 나타낼 때 |
|---|---|---|
| 구조 | 사람+有+소유하는 대상 | 장소+有+존재하는 대상 |
| 예문 | 我有一本书。<br>Wǒ yǒu yì běn shū.<br>저는 책 한 권이 있어요.<br><br>她有两个妹妹。<br>Tā yǒu liǎng ge mèimei.<br>그녀는 여동생 두 명이 있어요. | 桌子上有一本书。<br>Zhuōzi shàng yǒu yì běn shū.<br>책상 위에 책 한 권이 있어요.<br><br>外面有很多人。<br>Wàimiàn yǒu hěn duō rén.<br>밖에 사람이 많아요. |

❷ 양사란 수량을 나타내는 단위로 중국어에서는 명사 앞에 숫자가 올 경우, 양사를 꼭 써야 합니다. 순서는 항상 [숫자+양사+명사]이며, 양사 앞에서 숫자 2는 반드시 两 liǎng을 씁니다.
- 个 gè 명/개, 本 běn 권, 件 jiàn 벌, 只 zhī 마리

# Unit 8

## 위치와 장소를 나타내는 在

❶ 在 zài는 **동사** '~에 있다', **전치사** '~에서' 의미의 두 가지 품사로, 주어의 위치와 장소를 표현할 때 쓰입니다.

| 용법 구분 | 동사(위치를 말할 때) | 전치사(어디에서 무엇을 할 때) |
|---|---|---|
| 구조 | 사람, 사물+在+장소 | 사람+在+장소+동작 |
| 예문 | 我在书店。<br>Wǒ zài shūdiàn.<br>저는 서점에 있어요.<br><br>手机在桌子上边。<br>Shǒujī zài zhuōzi shàngbian.<br>휴대폰이 책상 위에 있어요. | 我在家休息。<br>Wǒ zài jiā xiūxi.<br>저는 집에서 쉬고 있어요.<br><br>他在家做饭。<br>Tā zài jiā zuòfàn.<br>그는 집에서 요리를 해요. |

❷ 방위사는 **사물의 방향이나 위치**를 더욱 구체적으로 설명할 때 쓰입니다. 보통 [장소＋방위사] 형식을 갖추며, 장소 앞에는 在를 자주 사용합니다.

| 위 | 아래 | 앞 | 뒤 | 안 | 밖 | 왼쪽 | 오른쪽 |
|---|---|---|---|---|---|---|---|
| 上边<br>shàngbian | 下边<br>xiàbian | 前边<br>qiánbian | 后边<br>hòubian | 里边<br>lǐbian | 外边<br>wàibian | 左边<br>zuǒbian | 右边<br>yòubian |

* 边 biān은 생략 가능하며, 上, 下, 前, 后, 里, 外, 左, 右만 쓰는 경우도 많아요.
  예) 桌子上 zhuōzi shàng 책상 위

## Unit 9

### 장소로 가는 표현 去

❶ 중국어에서는 하나의 문장 안에 동사가 두 번 이상 이어서 등장하는 경우가 많습니다. 이렇게 동작을 순서대로 자연스럽게 연결해서 말하는 문장을 '연동문'이라고 부르며, 연동문에는 크게 목적, 수단 두 가지로 나눌 수 있습니다.

| 용법 구분 | 목적 | 수단 |
|---|---|---|
| 구조 | 去＋(장소＋)목적[동사, 동사구] | 坐＋교통수단＋去 |
| 예문 | 我去见朋友。<br>Wǒ qù jiàn péngyou.<br>저는 친구를 만나러 가요.<br><br>我去商店买东西。<br>Wǒ qù shāngdiàn mǎi dōngxi.<br>저는 상점에 물건을 사러 가요. | 我坐公交车去。<br>Wǒ zuò gōngjiāochē qù.<br>저는 버스를 타고 가요.<br><br>我坐地铁去学校。<br>Wǒ zuò dìtiě qù xuéxiào.<br>저는 지하철을 타고 학교에 가요. |

❷ 자전거, 오토바이, 말 등처럼 올라 타서 직접 조작하는 교통수단은 동사 骑 qí를 사용합니다.
  예) 我骑自行车去公园。 저는 자전거를 타고 공원에 가요.
     Wǒ qí zìxíngchē qù gōngyuán.

## Unit 10

### 기호와 계획을 나타내는 표현 喜欢, 打算

喜欢 xǐhuan, 打算 dǎsuàn은 뒤에 바로 다른 동사구를 이어 붙여 '~하는 것을 좋아한다', '~할 계획이다'와 같은 의미를 표현합니다.

| 용법 구분 | 기호 | 계획 |
|---|---|---|
| 구조 | 喜欢 + 동사<br>~하는 것을 좋아하다 | 打算 + 동사<br>~할 계획이다 |
| 예문 | 我喜欢听音乐。<br>Wǒ xǐhuan tīng yīnyuè.<br>저는 음악 듣는 것을 좋아해요.<br><br>我不喜欢喝咖啡。<br>Wǒ bù xǐhuan hē kāfēi.<br>저는 커피 마시는 것을 좋아하지 않아요. | 我打算去旅行。<br>Wǒ dǎsuàn qù lǚxíng.<br>저는 여행 갈 계획이에요.<br><br>我不打算买车。<br>Wǒ bù dǎsuàn mǎi chē.<br>저는 차를 살 계획이 없어요. |

# Chapter 03

## Unit 11~15

### 조동사

중국어에서 조동사는 동사 앞에 놓여 동사의 의미를 도와주며, 말하는 사람의 주관적인 생각(소망, 의지, 능력, 허가 등)을 표현할 때 사용합니다.

| 구분 | 조동사 | 의미 | 예문 |
|---|---|---|---|
| 소망, 바람 | 想 xiǎng/<br>不想 bù xiǎng | ~하고 싶다/<br>~하고 싶지 않다 | 我想谈恋爱。<br>Wǒ xiǎng tán liàn'ài.<br>저는 연애를 하고 싶어요.<br><br>我不想说话。<br>Wǒ bù xiǎng shuōhuà.<br>저는 말하고 싶지 않아요. |
| 의지, 결정 | 要 yào/<br>不想 bù xiǎng ❶ | ~하려고 하다/<br>~하고 싶지 않다 | 我要去跑步。<br>Wǒ yào qù pǎobù.<br>저는 달리기를 하러 가려고 해요.<br><br>我不想参加马拉松。<br>Wǒ bù xiǎng cānjiā mǎlāsōng.<br>저는 마라톤에 참가하고 싶지 않아요. |
| 학습, 경험 | 会 huì/<br>不会 bú huì | ~할 수 있다/<br>~할 줄 모른다 | 我会游泳。<br>Wǒ huì yóuyǒng.<br>저는 수영할 줄 알아요.<br><br>我不会读汉字。<br>Wǒ bú huì dú Hànzì.<br>저는 한자를 읽을 줄 몰라요. |
| 상황, 조건 | 能 néng/<br>不能 bù néng ❷ | ~할 수 있다/<br>~할 수 없다 | 我能吃辣的。<br>Wǒ néng chī là de.<br>저는 매운 것을 먹을 수 있어요.<br><br>我现在不能休息。<br>Wǒ xiànzài bù néng xiūxi.<br>저는 지금 쉴 수 없어요. |

| 허락, 가능 | 可以 kěyǐ/ 不能, 不可以 bù néng, bù kěyǐ ❷❸ | ~해도 된다/ ~할 수 없다, ~하면 안 된다 | 我可以用一下❹吗? Wǒ kěyǐ yòng yíxià ma? 제가 좀 사용해도 될까요? 这儿不可以抽烟。 Zhèr bù kěyǐ chōuyān. 여기서는 담배를 피울 수 없어요. |

❶ 不要는 '~하지 마라'는 명령의 의미를 가지고 있기 때문에, '~하지 않을 것이다'라는 의지의 부정을 나타낼 때에는 不想으로 표현합니다.

❷ 不能과 不可以는 모두 '~할 수 없다'를 표현할 수 있지만, 의미에 약간 차이가 있습니다.
 - 不能: 능력이나 조건 때문에 할 수 없음(자연스러운 부정)
 - 不可以: 규칙이나 규정상 금지됨(금지의 의미가 강함)

❸ 긍정문에서는 能과 可以를 두루 사용할 수 있지만, 일상 대화에서 부드럽게 부정할 때에는 不能을 더 많이 씁니다.

❹ 동사 뒤에 오는 一下 yíxià는 동작을 부드럽게 표현하거나, '잠시', '~좀'이라는 느낌을 줄 때 씁니다.

## 전치사

중국어에서 전치사는 동사 앞에 쓰여 장소, 대상, 출발점, 거리 등과 같은 정보를 더해 주며 문장의 의미를 더 구체적으로 하는 역할을 합니다.

| 구분 | 전치사 | 기본 의미 | 예문 |
|---|---|---|---|
| 함께하는 대상 | 跟 gēn | ~와(과) | 我跟朋友吃饭。 Wǒ gēn péngyou chīfàn. 저는 친구와 밥을 먹어요. 我不跟你开玩笑。 Wǒ bù gēn nǐ kāi wánxiào. 저는 당신과 농담 안 해요. |
| 출발점, 시작점 | 从 cóng | ~부터 | 她从下星期开始休假。 Tā cóng xià xīngqī kāishǐ xiūjià. 그녀는 다음 주부터 휴가 시작이에요. 会议从两点开始。 Huìyì cóng liǎng diǎn kāishǐ. 회의는 두 시부터 시작해요. |

| 행동의 대상 | 给 gěi | ~에게 | 我想给❶他发短信。<br>Wǒ xiǎng gěi tā fā duǎnxìn.<br>저는 그에게 문자를 보내고 싶어요.<br><br>他不❷给我打电话。<br>Tā bù gěi wǒ dǎ diànhuà.<br>그는 나에게 전화하지 않아요. |
|---|---|---|---|
| 거리, 간격 | 离 lí | ~에서 | 学校离我家很近。<br>Xuéxiào lí wǒ jiā hěn jìn.<br>학교는 우리 집에서 가까워요.<br><br>地铁站离这里很远。<br>Dìtiězhàn lí zhèli hěn yuǎn.<br>지하철역은 여기에서 멀어요. |

❶ 조동사와 함께 올 때 전치사는 조동사 뒤, 본동사 앞에 씁니다.

❷ 부정문과 함께 올 때 전치사는 不 뒤, 본동사 앞에 씁니다.

\* 부정문, 조동사, 전치사가 모두 함께 올 경우, 不를 항상 가장 앞에 씁니다.

   예 我不想给他发短信。 저는 그에게 문자를 보내고 싶지 않아요.
       Wǒ bù xiǎng gěi tā fā duǎnxìn.